मैं साईं बाबा बोल रहा हूँ

मैं साईं बाबा बोल रहा हूँ

सं. पारुल प्रिया

प्रभात पेपरबैक्स
www.prabhatbooks.com

प्रकाशक

प्रभात पेपरबैक्स

4/19 आसफ अली रोड, नई दिल्ली-110002

फोन : 23289777 • हेल्पलाइन नं. : 7827007777

इ-मेल : prabhatbooks@gmail.com ❖ वेब ठिकाना : www.prabhatbooks.com

संस्करण

प्रथम, 2018

मूल्य

एक सौ पच्चीस रुपए

अ.मा.पु.स. 978-93-5266-908-0

मुद्रक

आर-टेक ऑफसेट प्रिंटर्स, दिल्ली

MAIN SAI BABA BOL RAHA HOON
Ed. Parul Priya

Published by **PRABHAT PAPERBACKS**
4/19 Asaf Ali Road, New Delhi-110002

ISBN 978-93-5266-908-0

₹125.00

अनुक्रम

1. **बाबा की जीवन-कथा** 9
2. **बाबा के अमृत वचन** 17
3. **बाबा के कुछ दृष्टांत** 55
   - बाबा की विनम्रता 55
   - बाबा का क्रोध 55
   - बस, शांत हो जाओ 56
   - नीचे उतरो, शांत हो जाओ 56
   - अपना प्रयाग तो यहीं है 57
   - केवल गुरु में विश्वास ही पर्याप्त है 57
   - गुरु की आवश्यकता क्यों है? 59
   - भूख सबकी एक सदृश ही है 60
   - बाबा का संतोषपूर्वक भोजन 61
   - बाबा की सर्वव्यापकता और दयालुता 61
   - भक्तों के कष्ट मेरे हैं 62
   - मध्याह्न की आरती के पश्चात् का कार्यक्रम 63
   - व्यर्थ बैठने से कुछ लाभ न होगा 63

- कभी किसी की निंदा नहीं करनी चाहिए 65
- संन्यासी को सद्गति 66
- उपवास की आवश्यकता ही क्या है ? 68
- बाबा के सरकार 69
- पवित्र रुपया 70
- बाबा की विचित्र नीति 71
- गंगा-स्नान 72
- दो छिपकलियों का मिलन 73
- ब्रह्मदर्शन 74
- निंदा संबंधी उपदेश 75
- भक्ति का बीजारोपण 76
- परिश्रम के लिए मजदूरी 77
- क्या सभी को लाभ पहुँचता है ? 78
- बाबा द्वारा गीता के एक श्लोक की टीका 78
- मैं तो गली-गली में रहनेवाला हूँ 82
- लोग यहाँ चींटियों की तरह रेंगते हुए आएँगें 82
- हाजी सिद्दीक फालके की कथा 82
- कुछ गेरू लाना, आज भगुवा वस्त्र रँगेंगे 84
- एक डॉक्टर की कथा 86
- अमीर शक्कर के प्राणों की रक्षा 87
- 72 घंटे की समाधि 89
- बाबा की महानता 90
- इंद्रियों को अपना कार्य करने दो 91

- बाबा का विनोद 92
- बाबा की अद्वितीय शिक्षा पद्धति 93
- सीमोल्लंघन 96
- बाबा के अंतिम शब्द 97
- बाबा के ग्यारह वचन 98

4. साईं बाबा की आरतियाँ 100

- काकड आरती 100
- मध्याह्न आरती 104
- धूप आरती 106
- शयन आरती 109

बाबा की जीवन-कथा

श्री साईं बाबा के माता–पिता, उनके जन्म और जन्मस्थान का किसी को भी ज्ञान नहीं है। इस संबंध में बहुत छानबीन की गई। बाबा से तथा अन्य लोगों से भी इस विषय में पूछताछ की गई, परंतु कोई संतोषप्रद उत्तर अथवा सूत्र हाथ न लग सका।

नामदेव और कबीरदास का जन्म भी सामान्य लोगों की भाँति नहीं हुआ था। वे बालरूप में प्रकृति की गोद में पाए गए थे और ऐसा ही साईं बाबा के संबंध में भी था। वे शिरडी में नीम वृक्ष के तले सोलह वर्ष की तरुणावस्था में स्वयं भक्तों के कल्याणार्थ प्रकट हुए थे।

शिरडी ग्राम की एक वृद्ध स्त्री ने उनका इस प्रकार वर्णन किया है—''एक तरुण, स्वस्थ, फुर्तीला तथा अति रूपवान बालक सर्वप्रथम नीम के नीचे समाधि में लीन दिखाई पड़ा। सर्दी–गरमी की उन्हें किंचित् मात्र भी चिंता न थी। उन्हें इतनी अल्प आयु में इतनी कठिन तपस्या करते देखकर लोगों को महान् आश्चर्य हुआ। दिन में वे किसी से भेंट नहीं करते थे और रात्रि में निर्भय होकर एकांत में घूमते थे। लोग आश्चर्यचकित होकर पूछते फिरते थे कि इस युवक का कहाँ से आगमन हुआ है! उनकी बनावट तथा आकृति इतनी सुंदर थी कि एक बार देखने मात्र से लोग आकर्षित हो जाते थे। वे सदा नीम के वृक्ष के नीचे बैठे रहते थे और किसी के द्वार पर नहीं जाते थे। यद्यपि वे देखने में युवक प्रतीत होते थे,

परंतु उनका आचरण महात्माओं के सदृश था। वे त्याग और वैराग्य की साक्षात् प्रतिमा थे।''

कुछ समय शिरडी में रहने के बाद एक दिन अचानक वह बालक शिरडी से अंतर्धान हो गया और फिर लगभग तीन वर्ष के पश्चात् एक बरात के साथ एक फकीर के रूप में शिरडी में उनका पुन: आगमन हुआ। विवाह के पश्चात् बरात तो कुशलतापूर्वक लौट गई, परंतु वह फकीर शिरडी में ही रुक गया और जीवनपर्यंत वहीं रहा।

जब बरात शिरडी में पहुँची तो खंडोबा मंदिर के समीप 'म्हालसापति' के खेत में एक वृक्ष के नीचे ठहराई गई। खंडोबा के मंदिर के सामने ही सब बैलगाड़ियाँ खोल दी गईं और एक-एक करके बरात के लोग नीचे उतरने लगे। तरुण फकीर को उतरते देख म्हालसापति ने 'आओ साईं' कहकर उनका अभिनंदन किया तथा अन्य उपस्थित लोगों ने भी 'साईं' शब्द से ही संबोधन कर उनका आदर किया। इसके पश्चात् वे 'साईं' नाम से ही प्रसिद्ध हो गए।

शिरडी आने पर श्रीसाईं बाबा मसजिद में निवास करने लगे। बाबा ने मसजिद का नाम 'द्वारकामाई' रखा। बाबा के शिरडी में आने से पूर्व देवीदास नाम के एक संत अनेक वर्षों से वहाँ रहते थे। बाबा को वे बहुत प्रिय थे। कुछ समय के पश्चात् जानकीदास नाम के एक संत का भी शिरडी में आगमन हुआ। अब बाबा जानकीदास से वार्त्तालाप करने में बहुत सा समय व्यतीत करने लगे। पुणतांबे के गंगागीर नामक एक संत भी बहुधा बाबा के पास आया-जाया करते थे। जब प्रथम बार उन्होंने साईं बाबा को बगीचा सींचने के लिए पानी ढोते देखा तो उन्हें बड़ा अचंभा हुआ। वे स्पष्ट शब्दों में कहने लगे—''शिरडी परम भाग्यशालिनी है, जहाँ एक अमूल्य हीरा है। जिन्हें तुम इस प्रकार परिश्रम करते हुए देख रहे हो, वे कोई सामान्य पुरुष नहीं हैं, अपितु यह भूमि बहुत भाग्यशालिनी

तथा महान् पुण्यभूमि है, इसी कारण इसे यह रत्न प्राप्त हुआ है।'' इसी प्रकार श्री अक्कलकोट महाराज के एक प्रसिद्ध शिष्य संत आनंदनाथ (येवला मठ) जब शिरडी पधारे, उन्होंने भी स्पष्ट कहा, ''यद्यपि बाह्यदृष्टि से यह साधारण व्यक्ति जैसे प्रतीत होते हैं, परंतु ये सचमुच असाधारण व्यक्ति हैं। इसका तुम लोगों को भविष्य में अनुभव होगा।'' यह उस समय की बात है, जब शिरडी बहुत ही साधारण सा गाँव था और साईं बाबा छोटी उम्र के थे।

वे कफनी पहनते, लँगोट बाँधते और एक कपड़े के टुकड़े से सिर ढकते थे। वे आसन तथा शयन के लिए एक टाट का टुकड़ा काम में लाते थे। इस प्रकार फटे-पुराने चिथड़े पहनकर वे बहुत संतुष्ट प्रतीत होते थे। वे सदैव यही कहा करते थे—''गरीबी अव्वल बादशाही, अमीरी से लाख सवाई, गरीबों का अल्लाह भाई।''

शुरू में श्री साईं बाबा लोगों से न मिलते और न वार्त्तालाप ही किया करते थे। जब कोई उनसे प्रश्न करता तो वे केवल उतना ही उत्तर देते थे। दिन के समय वे नीम के वृक्ष के नीचे विराजमान रहते थे। कभी-कभी वे गाँव की मेंड़ पर नाले के किनारे एक बबूल वृक्ष की छाया में भी बैठे रहते और संध्या को अपनी इच्छानुसार कहीं भी वायु-सेवन के लिए निकल जाया करते थे।

धीरे-धीरे बाबा की कीर्ति दूर-दूर तक फैलने लगी और बड़ी संख्या में भक्तों का शिरडी में आगमन होने लगा। बाबा दिन भर भक्तों से घिरे रहते और रात्रि में जीर्ण-शीर्ण मसजिद में शयन करते थे। इस समय बाबा के पास कुल सामग्री चिलम, तंबाकू, एक टरमेल, एक लंबी कफनी, सिर के चारों ओर लपेटने का कपड़ा और एक सटका था, जिसे वे सदा अपने पास रखते थे। वे पैर में कोई जूता या चप्पल नहीं पहनते थे। केवल एक टाट का टुकड़ा ही दिन भर उनके आसन का काम देता

था। सर्दी से बचने के लिए वे दक्षिण मुख हो धूनी तापते थे। जिस मसजिद में वे पधारे थे, उसमें केवल दो कमरों के बराबर लंबी जगह थी और यहीं सब भक्त उनके दर्शन करते थे। सन् 1912 के पश्चात् कुछ परिवर्तन हुआ। पुरानी मसजिद का जीर्णोद्धार हो गया और उसमें एक फर्श भी बनाया गया।

बाबा को प्रकाश से बड़ा अनुराग था। वे संध्या समय दुकानदारों से भिक्षा में तेल माँग लाते थे और दीपमालाओं से मसजिद को सजाकर रात्रि भर दीपक जलाया करते थे। यह क्रम कुछ दिनों तक ठीक इसी प्रकार चलता रहा। अब बनिए तंग आ गए और उन्होंने संगठित होकर निश्चय किया कि आज कोई उन्हें तेल की भिक्षा न दे। नित्य नियमानुसार जब बाबा तेल माँगने पहुँचे तो प्रत्येक स्थान पर उनका नकारात्मक उत्तर से स्वागत हुआ। किसी से कुछ कहे बिना बाबा मसजिद को लौट आए और सूखी बत्तियाँ दीपों में डाल दीं। बनिए तो बड़े उत्सुक होकर उन पर दृष्टि जमाए हुए थे। बाबा ने टरमेल उठाया, जिसमें बिल्कुल थोड़ा सा तेल था। बाबा ने उसमें पानी मिलाया और वह तेल मिश्रित जल वे पी गए। उन्होंने उसे पुनः टरमेल में उगल दिया और वही तेलिया पानी दीयों में डालकर उन्हें जला दिया। उत्सुक बनियों ने जब दीपकों को पूर्ववत् रात्रि भर जलते देखा, तब उन्हें अपने किए पर बड़ा दुःख हुआ और उन्होंने बाबा से क्षमायाचना की। बाबा ने उन्हें क्षमा कर भविष्य में सत्य व्यवहार रखने के लिए सावधान किया।

इसका निर्णय कोई न कर सका कि यथार्थ में साईं बाबा हिंदू थे या यवन? यदि कहें कि वे यवन थे तो उनके कान (हिंदुओं की रीति के अनुसार) छिदे हुए थे और यदि कहें कि वे हिंदू थे, तो वे सुंता कराने के पक्ष में थे। यदि कोई उन्हें हिंदू घोषित करे तो वे सदा मसजिद में निवास करते थे और यदि यवन कहे तो वे सदा वहाँ धूनी प्रज्वलित

रखते थे। यदि कोई कहे कि यवन थे तो कुलीन ब्राह्मण और अग्निहोत्री भी अपने नियम का उल्लंघन कर सदा उनको साष्टांग नमस्कार किया करते थे।

इसमें आश्चर्य की क्या बात है? जो अहं व इंद्रियजन्य सुखों को तिलांजलि देकर ईश्वर की शरण में आ जाता है तथा जब उसे ईश्वर के साथ अभिन्नता प्राप्त हो जाती है, तब उसकी कोई जाति-पाँति नहीं रह जाती। इसी कोटि में श्री साईं बाबा थे। वे जातियों और प्राणियों में किंचित् मात्र भी भेदभाव नहीं रखते थे। फकीरों के साथ वे आमिष और मछली का सेवन भी कर लेते थे। कुत्ते भी उनके भोजनपात्र में मुँह डालकर स्वतंत्रतापूर्वक खाते थे, परंतु उन्होंने कभी कोई आपत्ति नहीं की। ऐसा अपूर्व और अद्‌भुत श्री साईं बाबा का अवतार था।

श्री साईं बाबा के एक अंतरंग भक्त म्हालसापति, जो कि बाबा के साथ मसजिद तथा चावड़ी में शयन करते थे, उन्हें बाबा ने बतलाया था, "मेरा जन्म पाथर्डी के एक ब्राह्मण परिवार में हुआ था। मेरे माता-पिता ने मुझे बाल्यावस्था में ही एक फकीर को सौंप दिया था।"

अपने जीवनकाल के पूर्वार्द्ध में वे गाँव में चिकित्सा कार्य भी किया करते थे। रोगियों का निदान कर उन्हें औषधि भी देते थे। उनके हाथ में अपरिमित यश था। इस कारण से वे अल्पकाल में ही योग्य चिकित्सक विख्यात हो गए। बाद में वे भक्तों को कष्ट तथा रोग निवारण हेतु धूनी की 'ऊदी' वितरित करने लगे।

एक बार उनका हाथ जल गया तो उन्होंने किसी भी डॉक्टर से अपनी चिकित्सा करवाने से इनकार कर दिया और एक कुष्ठ रोग पीड़ित भक्त भागोजी शिंदे को अपनी पट्टी करने का अधिकार दिया।

तात्या कोते की माता, जिनका नाम बायजाबाई था, दोपहर के समय एक टोकरी में रोटी और भाजी लेकर जंगल में कोसों दूर जातीं और बाबा

को ढूँढ़कर, एक पत्तल पर रोटी, साग आदि परोसतीं तथा बाबा से भोजन कर लेने के लिए आग्रह करतीं। कुछ वर्षों के बाद बाबा ने जंगल में विचरना त्याग दिया। वे गाँव में ही रहने और मसजिद में ही भोजन करने लगे।

शिरडीवासियों के भाग्य की कौन कल्पना कर सकता है, जिनके द्वार पर परब्रह्म भिक्षुक के रूप में खड़े रहकर पुकार करते थे, "ओ माई! एक रोटी का टुकड़ा मिले।" और उसे प्राप्त करने के लिए अपना हाथ फैलाते थे। एक हाथ में सदा 'टरमेल' लिये रहते तथा दूसरे हाथ में एक 'झोली' साग, दूध या छाछ आदि पदार्थ तो टरमेल में लेते तथा भात, रोटी आदि अन्य सूखी वस्तुएँ झोली में डाल लेते थे। जो कुछ भी भिक्षा में उन्हें मिल जाता, उसे ही वे मिश्रित कर संतोषपूर्वक ग्रहण करते थे। वे एकत्र भोजन एक कुंडी में डाल देते, जहाँ कुत्ते, बिल्लियाँ, कौवे आदि स्वतंत्रतापूर्वक भोजन करते थे। बाबा ने उन्हें कभी नहीं भगाया।

ऐसे महान् पुरुष का जीवन धन्य है। शिरडीवासी तो पहले-पहल उन्हें केवल एक पागल ही समझते थे और शिरडी में वे इसी नाम से विख्यात भी हो गए थे।

जो भिक्षा के कुछ टुकड़ों पर निर्वाह करता हो, भला उसका कोई आदर कैसे करता? परंतु वे तो उदार हृदय, त्यागी और धर्मात्मा थे। यद्यपि वे बाहर से चंचल और अशांत प्रतीत होते थे, परंतु अंत:करण से दृढ़ और गंभीर थे। उनका मार्ग गहन तथा गूढ़ था। फिर भी गाँव में कुछ ऐसे श्रद्धावान् और सौभाग्यशाली व्यक्ति थे, जिन्होंने उन्हें पहचानकर एक महान् पुरुष माना।

वे कभी भी विवाद और मतभेद में नहीं पड़ते थे। वे सदैव ही वेदांत की शिक्षा दिया करते थे। कोई भी अंत तक न जान सका कि श्री साईं बाबा वास्तव में कौन थे? अमीर और गरीब दोनों उनके लिए एक समान

थे। वे लोगों के गुह्य व्यापार को पूर्णतया जानते थे और जब वे गुह्य रहस्य प्रकट करते तो सब विस्मित हो जाते थे। स्वयं ज्ञानावतार होकर भी वे सदैव अज्ञानता का प्रदर्शन किया करते थे। उन्हें आदर-सत्कार से सदैव अरुचि थी। वे थे तो शरीरधारी, परंतु कर्मों से उनकी ईश्वरीयता स्पष्ट झलकती थी। शिरडी के सकल नर-नारी उन्हें परब्रह्म ही मानते थे।

शिरडी के प्राय: सभी मंदिरों का उन्होंने जीर्णोद्वार करवाया था। उनका दान भी विलक्षण था। दक्षिणा के रूप में जो धन एकत्र होता था, उसमें से किसी को बीस रुपए, किसी को पंद्रह रुपए या किसी को पचास रुपए, इस प्रकार प्रतिदिन स्वच्छंदतापूर्वक वितरण कर देते थे।

बाबा के दर्शन से भक्तों को अनेक प्रकार का लाभ पहुँचता था। अनेक दुष्टात्मा पुण्यात्मा में परिवर्तित हो गए। अनेक कुष्ठ रोग से मुक्त हो गए। अनेकों को मनोवांछित फल की प्राप्ति हो गई।

बहुत से अंधों को पुन: दृष्टि प्राप्त हो गई। पंगुओं की पंगुता नष्ट हो गई। कोई भी उनकी महानता का अंत न पा सका।

बाह्य दृष्टि से श्री साईं बाबा साढ़े तीन हाथ लंबे एक सामान्य पुरुष थे, फिर भी प्रत्येक के हृदय में वे विराजमान थे। वे सदा जन-कल्याण के लिए चिंतित रहते थे। वे भीतर से ब्रह्मज्ञानी परंतु बाहर से संसार में उलझे हुए दिखलाई पड़ते थे। वे कभी प्रेमदृष्टि से देखते तो कभी पत्थर मारते, कभी गालियाँ देते और कभी हृदय से लगाते थे। उन्होंने कांचन और कीर्ति की कभी चिंता नहीं की तथा सदा ही भिक्षावृत्ति द्वारा निर्वाह करते रहे। उनका जीवन ही इस प्रकार का था। 'अल्लाह मालिक' सदैव उनके होंठों पर रहता था। वे आत्मज्ञान की खान और परम दिव्यस्वरूप थे। श्री साईं बाबा का दिव्य स्वरूप इस तरह का था।

बाबा भक्तों के भावों का आदर करते और उनकी इच्छानुसार पूजनादि करने देने में किसी प्रकार की आपत्ति न करते थे। यद्यपि ऐसा

जान पड़ता था कि उनका निवास-स्थान शिरडी में है, परंतु वे तो सर्वव्यापक थे।

उनका हृदय शीशे के सदृश उज्ज्वल था। उनके श्रीमुख से सदैव अमृतवर्षा होती थी। वे निर्भय होकर संभाषण करते, भाँति-भाँति के लोगों से मिल-जुलकर रहते थे। वे नर्तकियों का अभिनय तथा नृत्य देखते और गजल-कव्वालियाँ भी सुनते थे। इतना सब करते हुए भी उनकी समाधि किंचित् मात्र भी भंग न होती थी। वे पैरों में घुँघरू बाँधकर प्रेमविह्वल होकर सुंदर नृत्य व गायन भी करते थे।

स्वत: सिद्ध होकर भी वे साधकों के समान आचरण करते थे। वे विनम्र, दयालु तथा अभिमानरहित थे। उन्होंने सबको सदा सुख पहुँचाया। ऐसे थे श्री साईं बाबा, उनके श्रीचरणों का स्पर्श कर शिरडी पावन बन गई।

बाबा न तो कभी प्रवचन देते थे और न ही उन्होंने कोई ग्रंथ लिखा। हाँ, अपने जीवनकाल में ही उन्होंने 'हेमाडपंत' को 'साईं सच्चरित्र' लिखने की प्रेरणा दी। 'साईं सच्चरित्र' एक ऐसा ग्रंथ है, जो अपने में साईं के उपदेशों, अमृत वचनों, उनकी कथाओं और लीलाओं का अतुल्य खजाना समेटे हुए है। 'साईं सच्चरित्र' की रचना भी बाबा का अपने भक्तों पर एक उपकार है।

उन्होंने लगातार 60 वर्षों तक शिरडी में निवास किया और 15 अक्तूबर, 1918 को दशहरे के दिन महासमाधि ग्रहण की।

बाबा के अमृत वचन

1. घर के अंदर या बाहर, चाहे तुम कहीं भी रहो, निरंतर मेरा ध्यान करो। ऐसा करने से परमानंद की प्राप्ति हो जाएगी।

2. मेरी कथाओं के श्रवण से, उनके कीर्तन द्वारा दूसरों को वर्णन करने से और कथाओं पर मनन करने से मेरे प्रति प्रेम व भक्ति में वृद्धि होगी व अज्ञानता का तुरंत अंत हो जाएगा।

3. जहाँ भी विश्वास व भक्ति का समावेश होता है, मैं सदैव वहाँ दास बनकर रहता हूँ। इस विषय में कोई संदेह नहीं है, अन्यथा मैं सदैव अप्राप्य ही हूँ।

4. जहाँ झगड़ालू और कलहप्रिय तरीके प्रबल और प्रज्वलित हों, वहाँ अज्ञानता व माया भरपूर होती है। वहाँ मुक्ति के विषय में कोई विचार नहीं करता और मन सदा द्वेषपूर्ण व मिथ्या कल्पनाओं में ही भ्रमित रहता है।

5. ऐसा व्यक्ति आत्मज्ञान के लायक नहीं होता। वह तो केवल अज्ञानता से ही घिरा रहता है। वह न तो धरती पर सुख भोगता है और न स्वर्ग में ही। वह हर समय और हर जगह दु:खी रहता है।

*

6. हम न तो अपने दृष्टिकोण का हठपूर्वक प्रतिपादन करते हैं और न ही दूसरों के विचारों का खंडन करते हैं। इसके अलावा न ही इसके विपरीत उठनेवाले दृष्टिकोणों का वर्णन करते हैं। इस प्रकार का व्यर्थ और अनुचित प्रयत्न ही क्यों किया जाए?

*

7. जो प्रेमपूर्वक मेरा नामस्मरण करेगा, मैं उसकी समस्त इच्छाएँ पूर्ण कर दूँगा, उसकी भक्ति में उत्तरोत्तर वृद्धि होगी।

*

8. जो मेरे चरित्र और कृत्यों का श्रद्धापूर्वक गायन करेगा, उसकी मैं हर प्रकार से सदैव सहायता करूँगा।

*

9. जो भक्तगण हृदय और प्राणों से मुझे चाहते हैं, उन्हें मेरी कथाएँ श्रवण कर स्वभावत: प्रसन्नता होगी।

*

10. विश्वास रखो कि जो कोई मेरी लीलाओं का कीर्तन करेगा, उसे परमानंद और चिरसंतोष की उपलब्धि हो जाएगी।

*

11. यह मेरा वैशिष्ट्य है कि जो कोई अनन्य भाव से मेरी शरण में आता है, जो श्रद्धापूर्वक मेरा पूजन, निरंतर स्मरण और मेरा ही ध्यान किया करता है, उसको मैं मुक्ति प्रदान कर देता हूँ।

❧ * ❧

12. जो नित्यप्रति मेरा नाम स्मरण और पूजन कर मेरी कथाओं और लीलाओं का प्रेमपूर्वक मनन करते हैं, ऐसे भक्तों में सांसारिक वासनाएँ और अज्ञानरूपी प्रवृत्तियाँ कैसे ठहर सकती हैं!

❧ * ❧

13. मेरी कथाओं के केवल श्रवण से हर प्रकार के शारीरिक रोग और मानसिक विकृतियों का अंत हो जाएगा। मैं अपने भक्तों को मृत्यु के मुख से भी बाहर खींचकर उन्हें बचा लूँगा।

❧ * ❧

14. मेरी कथाएँ श्रवण करने से मुक्ति मिल जाएगी, अत: मेरी कथाओं को श्रद्धापूर्वक सुनो व उनका मनन करो। सुख और संतोष-प्राप्ति का सरल व सत्य मार्ग यही है।

❧ * ❧

15. ऐसा करने से श्रोताओं और भक्तों के चित्त को शांति प्राप्त होगी और जब ध्यान प्रगाढ़ तथा विश्वास दृढ़ हो जाएगा, तब अखंड चैतन्यधन से अभिन्नता प्राप्त हो जाएगी।

❧ * ❧

16. केवल ईश्वरनाम के उच्चारण मात्र से कलियुग के बुरे विचारों व किए गए समस्त पाप नष्ट हो जाएँगे। केवल मेरे समक्ष मस्तक

झुकाने मात्र से ही सुनने और बोलने से हुए पूर्व पाप नष्ट हो जाएँगे।

❧ * ❧

17. जो लोग कहते हैं कि 'क्या फर्क पड़ता है, अगर हम अपनी मनमानी करते हैं? तो समझ लो कि वे रास्ता भटक गए हैं। हमें अधार्मिक तथा दुष्टजनों की संगति से दूर रहना चाहिए।

❧ * ❧

18. जब ऐसे दुष्ट व्यक्ति सामने आएँ तो तुम अपना रास्ता ही बदल लो। उन्हें डरावना जानकर उनकी छाया भी अपने ऊपर मत पड़ने दो, चाहे ऐसा करते हुए तुम्हें कोई कष्ट ही क्यों न उठाना पड़ जाए।

❧ * ❧

19. जो व्यक्ति बुरा आचरण करता है, अपने दुष्ट व्यवहार से दूसरों को दुःख पहुँचाता है, चरित्रहीन है, मूढ़मति है, आचार कर्म और धार्मिक अनुष्ठानों का विधि-विधान से पालन नहीं करता है, विवेक द्वारा अच्छे-बुरे का विचार नहीं करता, भला ऐसा व्यक्ति वास्तव में अपना कल्याण कैसे कर सकता है?

❧ * ❧

20. घृणा के कारण किसी का भी तिरस्कार न करो और न ही किसी को भगाओ, चाहे वह कुत्ता, सूअर और मक्खी ही क्यों न हो! क्योंकि बिना पूर्वजन्म के संबंध के कारण कोई हमारे पास नहीं आता।

❧ * ❧

21. अब इन्हें (हेमाडपंत को) भक्ति-भाव से सेवा करनी चाहिए और ईश्वर स्वयं इन पर दया करेंगे। इन्हें स्वर्ग के अनंत खजाने की प्राप्ति स्वत: ही हो जाएगी।

❧ * ❧

22. तो यह पूजा किस प्रकार की जाए? मैं कौन हूँ, इसका ज्ञान किस प्रकार हो? क्योंकि मेरा स्थूल शरीर तो विनाशी व अनित्य है और केवल ब्रह्म ही अमर यानी अविनाशी है, वही पूजा किए जाने योग्य भी है।

❧ * ❧

23. सुनो! मैं ब्रह्मांड में चारों ओर अष्टधा प्रवृत्ति के रूप में व्याप्त हूँ। भगवान् श्रीकृष्ण ने अर्जुन को 'गीता' में यही कहा था।

❧ * ❧

24. इस चेतन और अचेतन ब्रह्मांड में नाम, स्थिति और आकृति के रूप में जो भी स्थायी है, वह केवल मेरी ही अष्टधा प्रकृति द्वारा सजाया गया है। यह आश्चर्यजनक कृति मेरी ही है।

❧ * ❧

25. रहस्यमय चिह्न 'ॐ' मेरा ही सूचक है और केवल मैं ही इस आकृति का विषय हूँ। इस प्रत्यक्ष ब्रह्मांड में अनेक वस्तुएँ हैं। परंतु उनमें भी मैं ही समाया हुआ हूँ।

❧ * ❧

26. और जहाँ स्वयं से अलग कुछ न हो तो कोई क्या इच्छा कर

सकता है ? इस संसार की दसों दिशाओं और सभी वस्तुओं में मैं ही व्याप्त हूँ।

❦ * ❦

27. मेरी सर्वव्यापकता से अवगत हो जाने पर तेरे-मेरे का भेदभाव समाप्त हो जाता है व इच्छाओं का अंत हो जाता है। संपूर्ण ब्रह्मांड ईश्वर में ही स्थित है।

❦ * ❦

28. मन में उठनेवाली इच्छाओं का अपनी आत्मा से कोई संबंध नहीं होता। क्योंकि मैं ही सबकी आत्मा में समाहित हूँ, तो इच्छाएँ आत्मा को किस प्रकार उद्वेलित कर सकती हैं ?

❦ * ❦

29. सांसारिक इच्छाएँ अनेक प्रकार की हैं। जब 'मैं कौन हूँ' के महत्त्व का ज्ञान हो जाता है, तब इच्छाएँ ठीक उसी प्रकार पिघल जाती हैं, जैसे सूर्य की गरमी के कारण पत्थरों के समान बर्फ के गोले पिघलते हैं।

❦ * ❦

30. न तो मैं मन, बुद्धि और ज्ञानेंद्रियों से बना स्थूल शरीर हूँ और न ही विशाल विश्व हूँ। न ही मैं अप्रकट ब्रह्मांड हूँ। मैं सनातन साक्षी पौराणिक और अनादि हूँ।

❦ * ❦

31. क्योंकि मैं गुणों से परे हूँ, इसलिए मैं इंद्रिय सुखों की ओर आकर्षित नहीं होता। मैं न ही कर्ता हूँ और न ही कारक हूँ।

❦ * ❦

32. जब यह अनुभूति हो जाती है कि बुद्धि, चित्त और अन्य ज्ञान-इंद्रियाँ भौतिक शरीर के यंत्र हैं, तब वास्तव में विरक्ति हो जाती है और वास्तविक ज्ञान का बोध होता है।

33. स्वयं को भूल जाने पर यह भ्रम हो जाना कि संसार ही सत्य है, माया की उत्पत्ति होती है। अंतरात्मा में परमानंद की अनुभूति होने पर ही मनुष्य मुझे जान पाता है और यही सब प्राणियों का सार है।

34. जब चित्त की कार्यशैली बदल जाती है, संसार के प्रति मोह नष्ट हो जाता है और चित्त ईश्वर में रम जाता है, यही मेरी सच्ची सेवा और पूजा है। आत्मानुभूति हो जाने पर व्यक्ति ज्ञान प्राप्त कर शुद्धतम अवस्था को पा लेता है।

35. यह आत्मा ही ब्रह्म है, शुद्ध चेतना और परमानंद ही ब्रह्म है। परंतु यह संसार सत्य नहीं है और यही संसार की सत्यता का भ्रम उत्पन्न कर देता है। वास्तव में मैं ही 'ब्रह्म' हूँ।

36. मैं वासुदेव हूँ, मैं ही ओंकार स्वरूप हूँ, मैं नित्य, शुद्ध, प्रकाशित और मुक्त हूँ। पूर्ण विश्वास के साथ मेरी पूजा ही आत्मोत्थान की ओर अग्रसर करेगी।

37. मुझे पूर्ण रूप से जानना ही मेरी सच्ची पूजा होती है। इसके अलावा मनुष्य को पूर्ण समर्पण कर मुझमें ही समा जाना चाहिए।

*

38. तुम चाहे कहीं भी रहो, जो इच्छा हो, सो करो; परंतु यह सदैव स्मरण रखो कि जो कुछ तुम करते हो, वह सब मुझे ज्ञात है।

*

39. और मेरे प्रति अगर तुम्हारा ऐसा अनुभव और भाव रहेगा तो मैं सभी के समीप रहूँगा और सभी के हृदय में वास करूँगा। मैं हर जगह भ्रमण करता हूँ और सभी का प्रभु और स्वामी हूँ।

*

40. मैं घट-घट में व्याप्त हूँ। मेरे ही उदर में समस्त जड़ व चेतन प्राणी समाए हुए हैं। मैं ही समस्त ब्रह्मांड का नियंत्रणकर्ता व संचालक हूँ।

*

41. मैं इस ब्रह्मांड व इसमें रहनेवाले सभी प्राणियों की माँ हूँ, मैं त्रिगुणों का संतुलन बिंदु हूँ—मैं ही सभी इंद्रियों को उत्तेजित करता हूँ और मैं ही उत्पत्ति, स्थिति व संहारकर्ता हूँ।

*

42. मेरी भक्ति करनेवालों को कोई हानि नहीं पहुँचा सकता। मेरे ध्यान की उपेक्षा करनेवाला माया के पाश में फँस जाता है।

*

43. समस्त जंतु, चींटियों, राजा, रंक तथा दृश्यमान, परिवर्तनमान और स्थायी विश्व मेरे ही स्वरूप हैं।

❦ * ❧

44. क्या विट्ठल बाहर से किसी गुप्त स्थान से प्रकट होंगे? जब भक्तों में श्रद्धा, प्रेम और भक्ति का स्रोत प्रवाहित होगा तो विट्ठल स्वयं ही यहाँ प्रकट हो जाएँगे। वे तो यहीं विराजमान हैं।

❦ * ❧

45. लगन से अपने बूढ़े माता-पिता की सेवा में लगे पुंडलीक ने राजाओं के राजा को भी जीत लिया। उनकी भक्ति व प्रेम देखकर ही तो श्री विट्ठल ने एक ईंट पर खड़े होकर उनकी प्रतीक्षा की थी।

❦ * ❧

46. साईं सदैव कहते थे, ''गरीबी अव्वल बादशाही, अमीरी से लाख सवाई, गरीबों का अल्लाह भाई।''

❦ * ❧

47. वे सदैव 'अल्लाह मालिक' का उच्चारण किया करते थे।

❦ * ❧

48. मेरे भक्तों के घर अन्न और वस्त्रों का कभी अभाव न होगा।

❦ * ❧

49. यह ईश्वर का वैशिष्ट्य है कि जो भक्त उसकी शरण आकर,

एक चित्त होकर उसकी पूजा करते हैं और मन में श्रद्धाभाव से करते हैं, वह सदैव उनकी रक्षा करता है और उनके कल्याणार्थ सदैव चिंतित रहता है।

50. कभी मैं कुत्ता और कभी सूअर; कभी मैं गाय, कभी बिल्ली और चींटी, मक्खी, पानी में रहनेवाले जंतु—इस प्रकार मैं ही इनके आकारों में इस संसार में विचरण कर रहा हूँ।

51. याद रखो कि जो इन सब प्राणियों में मेरा दर्शन करता है, वह मुझे अत्यंत प्रिय है। इसलिए द्वैत या भेदभाव की भावना को छोड़ दो। मेरी सेवा करने का यही तरीका है।

52. बाह्य दृष्टि से कभी-कभी वे क्रोधावस्था में कंपायमान हो जाते, पर अगले ही क्षण वे पूर्णतः शांत और स्थिर होकर ऊँची आवाज में भक्तों को अपने समीप बुलाकर, उनसे कहा करते कि "चाहे मैं किसी पर क्रोधित नजर आऊँ, किंतु मेरा हृदय क्रोधित नहीं होता।"

53. यदि यह संभव हो कि माताएँ अपने बच्चों को ठुकरा दें और समुद्र नदियों को लौटा दे, केवल तभी यह संभव है कि मैं भी तुम्हारी उपेक्षा कर सकता हूँ और तुम्हें नुकसान पहुँचा सकता हूँ।

54. मैं पूर्णतः अपने भक्तों की शक्ति के अधीन हूँ और सदा उनके समीप ही रहता हूँ। मैं तो सदा भक्तों के प्रेम का भूखा हूँ और मुसीबत के समय जब भी भक्त मुझे पुकारते हैं, मैं तुरंत उपस्थित हो जाता हूँ।

55. देखो! हालाँकि मैं फकीर बन गया हूँ और स्वयं को सभी चिंताओं से मुक्त कर चुका हूँ; मेरा न घर है और न परिवार; मैं संसार के संतापों और कष्टों को त्यागकर शांत व स्थिर होकर एक ही स्थान पर रहता हूँ।

56. फिर भी यह अनियंत्रित माया मुझे समय-समय पर निरंतर कष्ट पहुँचाती है। मैं उसे पूर्णतः भूल जाता हूँ, किंतु वह कदापि मुझे नहीं भूलती और निरंतर मुझसे कसकर लिपटी रहती है।

57. वह तो श्रीहरि की आदिमाया है, जो ब्रह्मा और अन्य देवताओं की एकाग्रता को भी भंग कर देती है! उसके सामने मुझ जैसे दुर्बल फकीर का क्या कहना?

58. लेकिन जब स्वयं हरि प्रसन्न होंगे, तभी वह नष्ट होगी। निरंतर हरि भजन के बिना इस माया से मुक्ति संभव नहीं।

59. केवल वही पुण्यात्माएँ, जिनके समस्त पाप नष्ट हो गए हों,

मेरी उपासना की ओर अग्रसर होते हैं व मेरे अस्तित्व को पहचान पाते हैं।

~*~

60. यदि केवल तुम निरंतर 'साईं-साईं' ही उच्चारण करोगे, तो मैं अपनी कृपा द्वारा सात समुद्र पार भी तुम्हारी रक्षा करूँगा। मेरे इन शब्दों पर विश्वास करो और निश्चय ही तुम्हारा कल्याण होगा।

~*~

61. न तो मुझे समस्त पूजा-सामग्री की आवश्यकता है, न ही षोड्श या फिर अष्टोपचार की या धार्मिक रीति-रिवाज की आवश्यकता है। जहाँ अपरंपार भाव और विश्वास है, मैं वहीं पर निवास करता हूँ।

~*~

62. निश्चिंत हो जाओ और सारी व्याकुलता त्याग दो। विचारशील और चिंतनशील विलाप मत करो। जिस क्षण तुम अपने इष्ट को ध्यान में रखते हो, तुम्हारे कष्टों का अंत हो जाता है।

~*~

63. चाहे तुम आकंठ संकटों के गहरे सागर में फँसे हो, या महान् दुःख और कष्ट के गड्ढे में डूबे हो, जान लो कि जो भी एक बार अपने प्रभु का याद कर लेता है, वह परम सुख को भोगता है।

~*~

64. इस स्थान का फकीर बहुत दयालु है, वह तुम्हारे रोग और दर्द

को निर्मूल कर देगा। जिसे सभी से प्रेम है, वह प्रेमपूर्वक तुम्हारी देखभाल करेगा।

*

65. बिल्कुल चिंता मत करो। मैं तुम्हें मटके भरकर धन दूँगा। शांत होकर मेरे पास बैठ जाओ और चिंता करना छोड़ दो।

*

66. दुनिया में किसी का कोई है और किसी का कोई है। अपना तो यहाँ कोई नहीं है। अपना अल्लाह ही अल्लाह है।

*

67. मुझे तो कोई ऐसा चाहिए, जो मुझे प्राणों से भी बढ़कर प्रेम करे। ऐसा व्यक्ति जो भी मुझे देता है, मैं उसे उसका सौ गुणा वापस लौटाता हूँ।

*

68. तुम सब चाहे कहीं भी हो, जैसी भक्ति तुम्हारी होगी, उसी भाव से मैं दिन-रात तुम्हारी रक्षा करूँगा।

*

69. यद्यपि मैं शरीर से यहाँ हूँ और चाहे तुम सात समुद्र पार भी हो, फिर भी जो तुम वहाँ करते हो, मुझे उसी क्षण उसका ज्ञान हो जाता है।

*

70. चाहे इस संसार में तुम कहीं भी जाओ, मैं हर जगह तुम्हारे

साथ ही जाता हूँ। तुम्हारा हृदय ही मेरा घर है, मैं तुम्हारे अंत:करण में निवास करता हूँ।

*

71. मैं तुम्हारे हृदय में विराजमान हूँ, तुम्हें नित्य मेरी ही उपासना करनी चाहिए। सभी जीवित प्राणियों के हृदय में केवल मैं ही व्याप्त हूँ।

*

72. इसलिए तुम्हारी जिस किसी से भी भेंट हो, चाहे घर में या बाहर या रास्ते में, वे सभी मेरे ही स्वरूप हैं, मैं उन सभी में व्याप्त हूँ।

*

73. कीड़ा, चींटी, जल में रहनेवाले प्राणी या आकाश में विचरनेवाले या धरती पर रहनेवाले जानवर-कुत्ता, सूअर आदि, यथार्थ में निरंतर मेरा इन सभी में वास है।

*

74. इसलिए अपने आपको मुझसे भिन्न मत मानो। धन्य और सौभाग्यशाली वही है, जो मेरे सर्वव्यापी स्वरूप से परिचित है।

*

75. लोग धन-संपदा माँगते हैं या रोग और आपदाओं के निवारण हेतु या मान, शक्ति, पद की इच्छापूर्ति की प्रार्थना करते हैं। वे सदैव सुख ही माँगते हैं।

*

76. केवल ऐहिक (भौतिक पदार्थों) की अभिलाषा से लोग शिरडी

दौड़े आते हैं और केवल उन्हीं के लिए मुझ फकीर की पूजा करते हैं, लेकिन कोई भी ब्रह्म नहीं माँगता।

*

77. इस ब्रह्म के भय से सूर्य और चंद्रमा अपने निर्धारित ग्रहपथ पर चलते हैं, नियम से उदय और अस्त होते हैं और सूर्य और चंद्र की रोशनी नियमित समय पर प्रकट होती है।

*

78. इसी प्रकार ग्रीष्म-वसंत आदि ऋतुएँ निर्धारित समय पर आती-जाती हैं, आठों दिशाओं में नियुक्त लोगों की देखभाल करनेवाले (संरक्षक) इंद्रादि देव उनका प्रतिपालन करते हैं—इन सभी का मूल ब्रह्म ही है।

*

79. इसलिए स्थूल शरीर को त्यागने से पूर्व ज्ञानी मनुष्य जीवन के उत्तम लक्ष्य यानि ब्रह्म की प्राप्ति कर लेते हैं। अन्यथा जन्म-मरण का चक्र निर्दयता से उनका पीछा करता रहता है।

*

80. अगर ब्रह्म को जाने बिना शरीर का पतन हो जाए तो संसार-बंधन पीछा करता है और पुनर्जन्म से बचा नहीं जा सकता।

*

81. जिसका मन पूर्ण रूप से संतान, पशुओं और धनोपार्जन आदि में लगा हो, उसे ब्रह्म-ज्ञान कैसे मिल सकता है, जब तक द्रव्य-व्यवधान (धन की रुकावट) दूर नहीं होती?

82. धन की तृष्णा से छुटकारा अति कठिन है, वह दु:खों और कष्टों की गहरे व अंधकारपूर्ण नदी के तल के समान है, जो भँवर से परिपूर्ण है, जिसमें अहंकार और ईर्ष्या रूपी मगरों का वास है, जिनसे युद्ध कर पाना बहुत कठिन है। जो निरिच्छ (इच्छारहित) होगा, केवल वही यह भवसागर पार कर सकता है।

83. ब्रह्म और लोभ का अखंड बैर है, जो बाद में ध्यान का अवसर ही नहीं देता। इसलिए मुक्ति और विरक्ति कैसे हो सकती है? लोभी व्यक्ति सदैव ही शास्त्रों द्वारा बताए आदेशों और रीति-रिवाजों के प्रति उदासीन रहता है।

84. लोभी को न तो शांति है और न संतोष ही; और न ही वह दृढ़ निश्चयी होता है। एक बार चित्त में लोभ के बस जाने पर वह आध्यात्मिक उन्नति के सभी साधनों को बेकार कर देता है।

85. वह जो सदैव दुष्कर्मों में ही व्यस्त रहता है, जिन्हें अनुचित माना जाता है और इसलिए श्रुतियों ने भी उन्हें दंडनीय ठहराया है, ऐसे व्यक्ति का चित्त अशांत रहता है।

86. इसको व्याकुल या व्यग्र मन कहते हैं। सदैव दुष्कर्मों में व्यस्त, हमेशा इंद्रिय सुखों के पीछे भागनेवाले को अपने हित का भी ज्ञान नहीं होता।

87. चाहे वह परम ज्ञान संपन्न क्यों न हो जाए; जब तक वह कर्मों के फल की इच्छा से विरक्त नहीं होगा, तब तक आत्म-साक्षात्कार के लिए किए गए उसके सभी प्रयत्न व्यर्थ जाते हैं; वह आत्मज्ञान संपन्न नहीं हो पाता।

*

88. जब कोई कुछ माँगता है तो संत सर्वप्रथम उसका आध्यात्मिक अधिकार देखते हैं और उसकी योग्यता के अनुसार व जो उसके लिए उपयुक्त होता है, केवल वही देते हैं।

*

89. जिसका मन दिन-रात देहाभिमान और विषय-चिंतन में ग्रस्त हो, उस पर गुरु का उपदेश व्यर्थ जाता है और वह सांसारिक व आध्यात्मिक जीवन में असफल ही रहता है।

*

90. जो अपने हृदय को शुद्ध किए बिना ही अध्यात्म के मार्ग पर चलने की कोशिश करता है, वह अपने ज्ञान का आडंबर करता है। वास्तव में वह प्रयत्न फलरहित होता है।

*

91. इसलिए केवल उतना ही बोलो, जो रुचिकर लगे; केवल उतना ही खाओ, जितना पचाया जा सके। नहीं तो बदहजमी हो जाती है। यह तो सभी जानते हैं।

*

92. मेरा खजाना पूर्ण है और मैं प्रत्येक की इच्छानुसार उसकी पूर्ति

कर सकता हूँ; परंतु मुझे पात्र की योग्यता-अयोग्यता का भी ध्यान रखना पड़ता है।

*

93. जो कुछ मैं कह रहा हूँ, यदि तुम उसे एकाग्र होकर सुनोगे तो तुम्हारी आध्यात्मिक उन्नति होगी। इस पवित्र मसजिद में बैठकर मैं कभी असत्य भाषण नहीं करता।

*

94. धैर्य ही सबूरी है। इसे कभी मत छोड़ो। जब कभी भी तुम मुश्किल में पड़ोगे, तो यह तुम्हें सुरक्षित पार उतार देगा।

*

95. पुरुष का तो पौरुष ही सबूरी है, जो पाप, ताप, दैन्यता का निवारण करती है; जो निष्कपटता से विपत्ति को दूर करती है और हर प्रकार के भय को दूर रखती है।

*

96. केवल सबूरी ही विजय (यश) प्राप्त कराती है; वह ही विपत्ति को सभी दिशाओं में भगाती है। अविचार का काँटा यहाँ किसी को नहीं चुभता।

*

97. सबूरी सद्गुणों की खान है; उत्तम (श्रेष्ठ) सद्विचारों की रानी है। निष्ठा इसकी बहन है, जो एक-दूसरे को प्राणों से भी अधिक प्रिय हैं।

*

98. सबूरी विहीन मनुष्य की स्थिति दयनीय होती है। चाहे वह ज्ञानी पंडित हो या श्रेष्ठ व्यक्ति, बिना सबूरी के उसका जीवन व्यर्थ होता है।

*

99. गुरु स्वयं चाहे महाशक्तिशाली हों, लेकिन शिष्य से उनकी केवल पैनी अंतर्दृष्टि, गुरु चरणों के प्रति दृढ़ निष्ठा और धैर्यबल की सबूरी की अपेक्षा ही होती है।

*

100. जिस प्रकार पत्थर और मणि को महीन बुकनी करनेवाली शिला पर घिसने से दोनों साफ होते हैं; लेकिन पत्थर फिर भी केवल पत्थर ही रहता है, जबकि मणि तेज चमकने वाली मणि बन जाती है।

*

101. दोनों को ही पॉलिश किया जाता है (यानी स्वच्छ किया जाता है); परंतु क्या एक पत्थर मणि का चमकनेवाला गुण प्राप्त कर सकता है ? क्या उसका कभी चमकदार हीरे में परिवर्तन हो सकता है ? पत्थर तो केवल अपने प्राकृतिक गुणों के कारण चिकना और आकर्षक ही बन सकता है।

*

102. मेरी ओर अनन्य भाव से देखो तो मैं भी तुम्हारी ओर वैसे ही देखूँगा।

*

103. आत्मज्ञान व्यक्ति के स्वयं के अनुभव पर आधारित होता है,

जिसके लिए ध्यान अत्यंत आवश्यक है। उसका ध्यान करना आत्मज्ञान की प्राप्ति में सहायक होता है। केवल उसी से आत्म-संतुष्टि की प्राप्ति होती है।

104. पहले आसक्ति रहित हो जाओ; फिर सर्व प्राणियों में व्याप्त ईश्वर को ध्यान में लाओ। जब इस प्रकार मन एकाग्र हो जाएगा तो तुम्हें ध्येय की प्राप्ति हो जाएगी।

105. यदि तुम ऐसा करने में असमर्थ हो तो मेरे साकार रूप का ही ध्यान करो। दिन-रात सिर से पाँव तक मेरी सगुण आकृति मन में लाओ।

106. इस प्रकार मेरा ध्यान करने पर तुम्हारी वृत्तियाँ केंद्रित हो जाएँगी तथा ध्याता, ध्यान और ध्येय (त्रिपुटी) का पृथकत्व तुम्हारे लिए नष्ट हो जाएगा।

107. और इस प्रकार जब यह त्रिपुटी विलीन हो जाती है तो ध्याता चैतन्य से एकत्व को प्राप्त कर ब्रह्म के साथ अभिन्न हो जाता है।

108. कछुवी नदी के इस किनारे पर रहती है और उसके बच्चे दूसरे किनारे पर, बिना दूध और बिना प्रेम की गरमाहट के। केवल उसकी प्रेम-दृष्टि से ही उनका भरण-पोषण हो जाता है।

109. छोटे बच्चे अपनी माँ का ही स्मरण करते रहते हैं; वे और कुछ नहीं करते। उन्हें दूध, घास, भोजन की कोई जरूरत नहीं होती। केवल माँ की ओर देखना ही उनके लिए अमृततुल्य आहार होता है।

❧*❧

110. उन छोटे-छोटे बच्चों पर कछुवी की केवल दृष्टि ही उन्हें अमृततुल्य आहार और आनंद प्रदान करती है। ऐसा ही गुरु और शिष्य का भी संबंध है।

❧*❧

111. बिना किसी पूर्व नाते या संबंध के कोई कहीं नहीं जाता। इसलिए चाहे वह मनुष्य हो, जानवर हो या पक्षी हो, उसे दुत्कारो मत।

❧*❧

112. जो कोई भी तुम्हारे पास आए, उसका स्वागत कर आदरपूर्वक व्यवहार करो। प्यासे को जल, क्षुधा-पीड़ित को भोजन, नंगे को वस्त्र और निराश्रय को आसरा दो। इससे श्री हरि प्रसन्न होंगे।

❧*❧

113. यदि कोई तुमसे द्रव्य-याचना करे और तुम्हारी देने की इच्छा न हो तो न दो; परंतु उसके साथ कुत्ते के समान व्यवहार न करो।

❧*❧

114. तुम्हारी कोई कितनी ही निंदा क्यों न करे, फिर भी कटु उत्तर देकर उस पर क्रोध न करो। तुम्हें अपार सुख का अनुभव होगा, अगर तुम धैर्य के साथ उन्हें निरंतर सहन करते रहोगे।

115. संसार चाहे उलट-पलट हो जाए, हमें डगमगाना नहीं चाहिए। हमें सदा अपने स्थान पर दृढ़ रहकर इस संसार के गतिमान दृश्य को शांतिपूर्वक देखना चाहिए।

116. अपने और उसके बीच की दीवार को पूरी तरह नष्ट कर दो। तब हमें बिना भय के आने-जाने के लिए चौड़ा मार्ग मिल जाएगा।

117. 'मैं' और 'तू' का द्वैत भाव ही गुरु और शिष्य के बीच की दीवार है। जब तक इसका नाश नहीं होगा, तब तक अभिन्नता प्राप्त करना संभव नहीं है।

118. 'अल्लाह मालिक' अर्थात् ईश्वर ही सर्वशक्तिमान है और उसके सिवा अन्य कोई संरक्षणकर्ता नहीं है। उसकी कार्यप्रणाली अलौकिक, अनमोल और कल्पना से परे है।

119. जो वे चाहेंगे, केवल वही होगा; वे स्वयं ही अपना मार्ग दिखाएँगे। जब समय आएगा, तब बिना एक क्षण विलंब के हमारी सभी इच्छाएँ पूर्ण हो जाएँगी।

120. ऋणानुबंध के कारण ही हम मिले हैं। यह हमारा सौभाग्य है। इसलिए हमें परस्पर प्रेम, एक-दूसरे से मिलकर, उन्हें गले लगाकर सदैव सुख और संतोष का अनुभव करना चाहिए।

121. यहाँ कौन अमर है? वही कृतार्थ है, जिसने आध्यात्मिक प्रगति कर अपने जीवन को सार्थक बना लिया है; नहीं तो दूसरे प्राणी तो तब तक जीते हैं, जब तक प्राण रहते हैं।

122. मैं जल, थल, काष्ठ, प्रदेश, जन, वन, देश, विदेश हर जगह व्याप्त हूँ। मैं दीप्तिमान आकाश में भी व्याप्त हूँ। मैं एक देश में सीमित नहीं हूँ।

123. केवल उनके भ्रम-निवारणार्थ ही, जिनकी दृष्टि में मैं साढ़े तीन हाथ का मानव हूँ, मैंने स्वयं सगुण रूप धारण कर इस धरती पर अवतार लिया है।

124. जो दिन-रात निष्काम व अनन्य भाव से मेरा भजन करता है, उसे मुझसे अभिन्नता प्राप्त हो जाती है।

125. मिसरी से माधुर्य अलग हो सकता है, समुद्र लहरों से अलग हो सकता है तथा नेत्र से कांति अलग हो सकती है; लेकिन मेरे भोले, निष्ठावान् भक्त कभी भी मुझसे अलग नहीं हो सकते।

126. जो आवागमन (जीवन-मृत्यु) के चक्र से वास्तव में मुक्त होना चाहते हैं, उन्हें शास्त्रों द्वारा बताए मार्ग पर चलकर धार्मिक जीवन व्यतीत कर सदैव चित्त शांत व स्थिर रखना चाहिए।

127. उसे दु:खदायी कटु शब्दों के प्रयोग से किसी को दु:खित न कर सदैव उत्तम कार्यों में संलग्न रहकर अपना कर्तव्य करते हुए अनन्य भाव से भयरहित हो उनकी शरण में जाना चाहिए।

❦ * ❧

128. अपना मन तथा बुद्धि मुझे समर्पित कर दो और निरंतर मेरा ही स्मरण करो। ऐसा व्यक्ति शरीर पर आनेवाले कष्टों की कभी चिंता नहीं करेगा। वास्तव में वह निर्भय होगा।

❦ * ❧

129. जो अनन्य भाव से मुझे देखकर, आत्मशुद्धि करनेवाली मेरी कथाओं का श्रवण कर उनका मनन करेगा और अन्य किसी की भक्ति न कर केवल मेरी भक्ति करेगा, उसका चित्त चैतन्य के साथ एक हो जाएगा।

❦ * ❧

130. दूसरों से काम तो लो, लेकिन उनके द्वारा किए गए श्रम को भी ध्यान में रखो। और यह नियम बना लो कि किसी से बिना परिश्रम का मूल्य चुकाए कार्य नहीं कराना चाहिए।

❦ * ❧

131. जहाँ तुम हो, वहीं रहकर मुझसे पूछो! क्यों तुम जंगलों में अटकलपच्चू उत्तरों के लिए भटकते हो? मैं तुम्हारी (ज्ञान की) इच्छा को पूर्ण कर संतुष्ट करूँगा। मुझमें इतना विश्वास रखो।

❦ * ❧

132. मैं हर जगह व्याप्त हूँ, ऐसा कोई स्थान नहीं, जहाँ पर मैं नहीं

हूँ और अपने भक्तों की खातिर मैं उनके समक्ष कैसे भी और कहीं भी प्रकट हो जाता हूँ।

133. सभी प्राणी एक समान हैं, इसलिए सभी के लिए अहिंसा के नियम का पालन करना चाहिए।

134. चाहे वह साँप हो या बिच्छू, सभी में ईश्वर का वास है। और अगर उनकी इच्छा नहीं होगी, क्या वे (साँप, बिच्छू आदि जीव-जंतु) किसी को हानि पहुँचा सकते हैं।

135. यह संपूर्ण विश्व ईश्वर के अधीन है। यहाँ कुछ भी उनकी इच्छा के स्वतंत्र नहीं है।

136. मैं तो अल्लाह की सेवा करनेवाला बंदा हूँ।

137. मुझ पर पूर्ण विश्वास रखो। यद्यपि मैं देहत्याग भी कर दूँगा, परंतु फिर भी मेरी अस्थियाँ आशा और विश्वास का संचार करती रहेंगी।

138. केवल मैं ही नहीं, मेरी समाधि भी तुमसे वार्त्तालाप करेगी। जो अनन्य भाव से मेरे शरणागत होंगे, उनके साथ वह चलेगी-फिरेगी और उन्हें आशा का संदेश पहुँचाती रहेगी।

139. निराश न होना कि मैं तुमसे विदा हो जाऊँगा। तुम सदैव मेरी अस्थियों को भक्तों के कल्याणार्थ ही चिंतित पाओगे।

❦ * ❦

140. केवल विश्वास युक्त अंत:करण से मात्र स्मरण करो। निष्काम भाव से मेरा भजन करो, अवश्य ही तुम्हारा कल्याण होगा।

❦ * ❦

141. चाहे कैसी भी स्थिति क्यों न हो, कभी भी अपने गुरु को मत छोड़ो। सदैव स्थिरचित्त होकर सभी गुरुओं में एकता का बोध करो।

❦ * ❦

142. मेरा आदमी (भक्त), चाहे वह दूसरे देश में हो या हजारों मील दूर क्यों न हो, मैं उसकी टाँगों में रस्सी बाँधकर अपने पास ले आऊँगा (जैसे धागे से बँधी हुई चिड़िया खिंचकर स्वयं ही आ जाती है।)

❦ * ❦

143. मुझे प्रवेश के लिए किसी द्वार की आवश्यकता नहीं है। न कोई आकार है और न ही विस्तार है। मैं निरंतर सर्वभूतों में व्याप्त हूँ।

❦ * ❦

144. जो अपना भार मुझ पर डालकर वास्तव में मुझमें ही लीन हो

जाता है, उसके शरीर के सभी व्यापार मैं स्वयं सूत्रधार बनकर चलाता हूँ।

❦ * ❦

145. वैभव कभी भी शाश्वत नहीं होता। यह शरीर तो सर्वदा अनित्य है। यह जानते हुए कि मृत्यु नित्य निकट है, धर्म जाग्रत् करो और उसके अनुसार आचरण करो।

❦ * ❦

146. इस संसार में देह, स्त्री, पुत्रादि के संदर्भ में 'अहम्' (मैं) और 'मम्' (मेरा) के अभिमान के फलस्वरूप ही आधिदैविक, आधिभौतिक और आध्यात्मिक ताप होते हैं, जो सांसारिक जीवन में अनर्थ कहलाते हैं।

❦ * ❦

147. दूसरा अनर्थ पारलौकिक है। लोग मृत्यु के पश्चात् परलोक में स्वर्ग पाने के इच्छुक होते हैं। यह भी मोक्ष-प्राप्ति में बाधक होता है और सदा पतन का कारण बनता है; फिर वापस इस धरती पर लौटना पड़ता है।

❦ * ❦

148. परलोक में पुण्य नहीं कमाया जा सकता, न ही उनकी प्राप्ति निर्भय होती है। निःसंशय वहाँ भी पुण्य के क्षीण होने पर पतन का भय रहता है।

❦ * ❦

149. इसलिए सांसारिक और पारलौकिक दोनों जीवन अनर्थ से परिपूर्ण

हैं। इसलिए उनका पूर्णतः त्याग करना ही परम आनंद का स्रोत होता है।

~*~

150. सांसारिक जीवन से विरक्त होकर जो दृढ़भाव से ईश्वर के चरणों में लीन हो गए हैं, वे संसार के बंधन से मुक्त हो जाएँगे और उनपर माया का प्रभाव न रहेगा तथा अविद्या नष्ट हो जाएगी।

~*~

151. घड़ी भर हरि-भजन और उनका स्मरण पाप, ताप और दुःखों को दूर कर देता है। प्रेमपूर्वक ध्यान करने पर वे संकट की घड़ी में हमारी रक्षा करने के लिए अवश्य आते हैं।

~*~

152. जो इस मसजिद की शरण में आकर आश्रय लेता है, उसे जीवन भर कोई दुःख नहीं होता।

~*~

153. यह तो तुम्हारे गहन कर्मों की गति है। निश्चित रूप से जान लो कि न तो मैं कुछ करता हूँ और न ही करवाता हूँ। फिर भी लोग हर कार्य के लिए मुझे ही दोषी ठहराते हैं।

~*~

154. भाग्य के कारण जो भी कर्म घटित होते हैं, मैं तो केवल साक्षीभूत ही हूँ। सभी कर्मों के कर्ता और प्रेरणा देनेवाले केवल ईश्वर ही हैं। केवल वे ही कृपावंत और दयालु हैं।

~*~

155. मैं न तो ईश्वर हूँ और न ही मालिक (देव)। मैं न तो 'अनल हक्क' हूँ और न ही परमेश्वर; मैं तो 'यादे हक्क' हूँ, यानी जो सदैव ईश्वर का स्मरण करता है। मैं तो अल्लाह का आज्ञाकारी सेवक हूँ।

*

156. जो निरभिमान होकर अपने को कृतज्ञ समझकर उनपर पूर्ण विश्वास करेगा, उसके कष्ट दूर हो जाएँगे और उसे मुक्ति की प्राप्ति होगी।

*

157. यदि मैं किसी से एक रुपया दक्षिणा लेता हूँ तो उसे दस गुणा लौटाया करता हूँ।

*

158. क्या मैं किसी से कोई वस्तु बिना मूल्य दिए लेता हूँ! मैं हर किसी से दक्षिणा नहीं माँगता। जिसकी ओर फकीर इंगित करते हैं, मैं उससे ही दक्षिणा माँगता हूँ।

*

159. और यह फकीर भी केवल उसी से माँगता है, जो गत जन्म का ऋणी होता है। जब ऐसा दानी देता है तो वह भविष्य में सुंदर उपज का बीजारोपण करता है।

*

160. धनवान के लिए धन का उपयोग तभी हितकारी है, अगर यह

धर्मोपार्जन व दान के निमित्त हो। क्योंकि धार्मिक दृष्टि से आचरण और दान ही सच्चा ज्ञान है।

❧ * ❧

161. लेकिन लोग अपनी मेहनत की कमाई को व्यर्थ ही अपनी व्यक्तिगत आवश्यकताओं और इच्छाओं की पूर्ति हेतु खर्च करते हैं। वे दान-धर्म के कार्यों में उसे खर्च कर उसका सदुपयोग नहीं करते।

❧ * ❧

162. लेकिन वह व्यक्ति प्रसन्न है, जो कभी भी अपने करोड़ों रुपयों को, जिसे उसने एक-एक कौड़ी ध्यान से जोड़कर इकट्ठा किया होता है, केवल विषय-वासनाओं की संतुष्टि के लिए खर्च नहीं करता।

❧ * ❧

163. कोई यहाँ नहीं आ सकता, जब तक मैं उसे नहीं बुलाता।

❧ * ❧

164. जब तक मैं न चाहूँ तो कौन अपने घर के दरवाजे को पार कर सकता है ? कौन अपनी इच्छा से शिरडी आकर दर्शन कर सकता है।

❧ * ❧

165. मैं किसी से कभी कुछ नहीं लेता। मसजिद माई की अधिष्ठात्री देवी ही अपना ऋण माँगती है, इसलिए देनेवाला अपना ऋण चुकता कर मुक्त हो जाता है।

❧ * ❧

166. क्या मेरा कोई घर-बार या बाल-बच्चे हैं, जिनके लिए मुझे धन की जरूरत है ? मैं तो हर प्रकार से सभी प्रकार की चिंताओं से मुक्त हूँ।

❧ * ❧

167. लेकिन ऋण, बैर और हत्या ऐसे विषय हैं, जिनका कर्ता उनसे कभी नहीं बच पाता। जरूरत के समय तुम देवियों के सामने प्रतिज्ञा करते हो; लेकिन तुम्हें उनसे मुक्त करवाने के लिए मुझे कष्ट सहन करना पड़ता है।

❧ * ❧

168. बाद में तुम उसकी जरा भी परवाह नहीं करते; हालाँकि जरूरत के समय तुम विनम्र निवेदन करते हो। अपने उन भक्तों से मैं यथार्थ में प्रसन्न रहता हूँ, जो इन सब ऋणों से मुक्त रहते हैं।

❧ * ❧

169. मैं तुम्हें सौभाग्यशाली तभी मानूँगा, जब तुम्हारे सभी दुष्कर्म जलकर नष्ट हो जाएँगे, पाप-पुण्य राख हो जाएँगे और जब मैं तुम्हारी बगल में झोली (फकीर का चिह्न) देखूँगा।

❧ * ❧

170. मैं तुम्हें तभी सौभाग्यशाली मानूँगा, जब तुम माया के कारण उत्पन्न ऐंद्रिक विषय-वासनाओं को तुच्छ जानकर त्याग दोगे और समस्त पदार्थों से विरक्त होकर नित्य भगवद्भक्ति की ओर अग्रसर होगे। इसके फलस्वरूप आशा व इच्छाओं के बंधन से तुम मुक्त हो जाओगे।

❧ * ❧

171. जब विषय-पदार्थों के प्रति आसक्ति को त्याग दोगे और अपने व दूसरों के भेदभाव को सर्वथा अयोग्य मानोगे; जब तुम जिह्वा और उत्पन्न करनेवाले शरीर के अंगों पर नियंत्रण करने योग्य हो जाओगे, तब मैं तुम्हें सौभाग्यशाली मानूँगा।

172. जो मुझे अत्यधिक प्रेम करता है, वह सदैव मेरा दर्शन पाता है। उसके लिए मेरे बिना संपूर्ण सृष्टि सूनी है। वह केवल मेरा ही लीलागान करता है।

173. वह सतत मेरा ही ध्यान करता है। उसकी जिह्वा सदैव मेरे ही नाम का जप करती है। यहाँ-वहाँ आते-जाते वह केवल मेरे ही चरित्र का गायन करता है।

174. और इस प्रकार जब उसका मुझमें एकाकार हो जाता है, तब वह अपने कर्माकर्मों को भूल जाता है। जहाँ पर मेरी सेवा करने के लिए उत्सुकता और आदर होता है, मैं केवल वहीं पर निरंतर वास करता हूँ।

175. जो अनन्य भाव से मेरी शरण में आ जाता है और सदैव मेरा ही स्मरण करता है, अपने ऊपर उसका यह ऋण मैं उसे मुक्ति प्रदान करके चुका दूँगा।

176. जो निरंतर मेरा निदिध्यासन करता है, जो पहले मुझे अर्पित किए बिना कुछ भी नहीं खाता, मैं उसके अधीन हूँ।

*

177. मेरा प्रेम ही जिसकी भूख-प्यास है और जिसके लिए मेरे समान कोई दूसरा नहीं है; मैं भी केवल नित्य उसका ही ध्यान करता हूँ और मैं उसके अधीन हूँ।

*

178. जिसने माता-पिता, भाई-बंधु, पत्नी-बच्चों का मोह त्याग दिया है, केवल वह मेरे चरणों में अनुरक्त हो सकता है।

*

179. जिस प्रकार वर्षाकाल में नाना सरिताएँ अपने किनारों से बहकर समुद्र में मिल जाती हैं और अपनी नदी की प्रकृति को भूलकर महासागर से मिलकर तदाकर हो जाती हैं।

*

180. उनका रूप खो जाता है; उनका नाम खो जाता है; केवल उनका जल जाकर सागर में मिल जाता है। सरिता-सागर का लग्न हो जाता है। उनका द्वैत एकत्व में खो जाता है।

*

181. इस प्रकार समरस होने पर चित्त नाम व रूप भूल जाता है और निज स्वभावत: केवल मुझे ही देखता है। उसका मेरे अलावा कोई स्थान नहीं होता।

*

182. जो पुस्तकों के पंडित थे और व्यर्थ की बड़बड़ करते थे, वे लोगों को प्रमाणित करने के लिए लोहे की सलाखें लेकर आए कि मैं 'पारस' नहीं, बल्कि मामूली पत्थर हूँ।

*

183. लेकिन जब मुझ पर लोहे की सलाखों से प्रहार किया गया तो वे सलाखें खुद भी सोने में बदल गईं। सभी इस अनुभव से आश्चर्यचकित रह गए।

*

184. अभिमान के एक अंश के बिना अपने हृदय में निवास करनेवाले को मुझे समर्पित कर मेरी शरण में आओ। तत्काल तुम्हारा अज्ञान या भाषा जाती रहेगी और फिर ज्ञान के संबंध में प्रवचन सुनने की कोई जरूरत ही नहीं रह जाएगी।

*

185. अविद्या से देह से लगाव बढ़ता है और फिर इस लगाव से मानसिक एवं शारीरिक व्याधियाँ उत्पन्न होती हैं। शरीर के साथ लगाव ही व्यक्ति को यह उचित है अथवा अनुचित भाव की ओर अग्रसर करता है। यही आत्म-साक्षात्कार में रुकावट है।

*

186. तुम मुझसे पूछ सकते हो कि अभी मैं कहाँ हूँ या मैं तुमसे कैसे मिल सकता हूँ? लेकिन मैं तो तुम्हारे बहुत समीप तुम्हारे हृदय में ही विराजमान हूँ और तुमसे बिना कष्ट के भेंट कर सकता हूँ।

*

187. तब तुम कहोगे कि 'हृदय में निवास करनेवाला कौन और कैसा है? उसके क्या लक्षण हैं और उसका क्या चिह्न है, जिससे हम उसे पहचान सकते हैं?'

188. इसलिए ध्यानपूर्वक इस स्पष्ट वर्णन को सुनो कि तुम्हारे हृदय में निवास करनेवाला कौन है, जिसकी शरण में तुम्हें जाना चाहिए।

189. यह सृष्टि विभिन्न नामोंवाले नाना प्रकार के रूपों से भरी हुई है, जिनकी गणना कोई नहीं कर सकता। यह सब माया के भिन्न-भिन्न स्वरूप हैं।

190. ऐसी आत्मा तो सत्त्व, रज और तम त्रिगुणों से परे हो जाती है—वही हृदय में निवास करनेवाले को प्रकाशित करती है।

191. नाम और रूप के अलावा जो 'तू' बच जाता है, वही हृदय में निवास करनेवाले का लक्षण है। उसको जानो और उसकी शरण में जाओ।

192. जब तुम स्वयं को मेरी तरह देखोगे और जब इस प्रवृत्ति का विस्तार होगा, तब सभी प्राणी तुम्हारे गुरु में एकाकार हो जाएँगे और तब ऐसा कोई स्थान नहीं रह जाएगा, जहाँ मैं व्याप्त नहीं रहूँगा।

193. ऐसा अभ्यास करते–करते तुम्हें मेरी सर्वव्यापकता की अनुभूति होगी। तब तुम मेरे साथ समरस हो जाओगे और पूर्ण अनन्यता का भोग कर पाओगे।

*

194. जब तुम ब्रह्मांड चैतन्य पर केंद्रित हो जाओगे और तुम्हारा हृदय शुद्ध हो जाएगा। तब तुम पावन गंगा के जल को स्पर्श किए बिना उसमें स्नान कर पाओगे।

*

195. प्राकृतिक कर्मों के अभिमान के कारण दृढ़ बंधन की उत्पत्ति होती है। इसलिए ज्ञानी अपने चित्त को सदैव सावधान रखते हैं और इसके पाश में नहीं फँसते।

*

196. जो आत्मा में दृढ़ता से स्थिर है और जरा भी विचलित नहीं होता, ऐसे व्यक्ति को समाधि में लीन होने या उससे बाहर निकलने की कोई आवश्यकता नहीं होती।

*

197. जो दूसरों को दुःख पहुँचाता है, वह मेरे हृदय को दुःख देता है तथा मुझे कष्ट पहुँचाता है।

*

198. जब कोई व्यक्ति दूसरे के लिए दुर्वचनों का प्रयोग करता है, वह तत्काल ही मुझे कष्ट पहुँचाता है। लेकिन जो धीरज के साथ उन दुर्वचनों को सहन करता है, वह मुझे दीर्घकाल तक संतुष्टि देता है।

199. हमारा पिता (गुरु) ही सच्चा पिता (सच्चा गुरु) है।

~*~

200. जो कुछ भी तुमने पूर्वजन्म में किया होता है, इस जन्म में तुम्हें उसकी कीमत चुकानी पड़ती है। व्यक्ति को अपने कर्मों के अनुसार कष्ट भोगने के लिए तैयार रहना चाहिए। अब रोने से क्या लाभ?

~*~

201. तुम्हारे सोचने का ढंग अहंकारपूर्ण है। इसलिए तुम अपने आपको अपराधी मानते हो। कर्म करते समय अपने को कर्ता न जानकर कार्य करो तो तुम्हारे सभी दुःख दूर हो जाएँगे।

~*~

202. लोग केवल अपने पुण्य कर्मों का अभिमान क्यों करते हैं? अपने पाप कर्मों का अभिमान क्यों नहीं करते? आखिर दोनों का प्रताप तो एक समान ही है। इसलिए अभिमान और अहंकार से परे होकर ही कार्य करो।

~*~

203. शुक्ल पक्ष के बढ़ते हुए चंद्रमा की तरह जो मेरी पूजा-अर्चना गहन भाव से करता है और जिसने अपने हृदय की संपूर्ण भावनाएँ व इच्छाएँ पूर्णतः मुझे समर्पित कर दी हैं, वास्तव में वही धन्य है।

~*~

204. मन में दृढ़ विश्वास धारण कर जो गुरु-पूजन व भजन में मगन

रहता है, ईश्वर सदैव उसके ऋणी रहते हैं और कोई भी उस पर बुरी दृष्टि नहीं डाल सकता।

205. जिसे गुरु–भजन प्रिय हो और पलभर भी व्यर्थ नहीं जाने देता, उसे गुरु अपार सुख देते हैं और उसे भवसागर से सुरक्षित पार उतार देते हैं।

206. सबका मालिक एक है।

बाबा के कुछ दृष्टांत

बाबा की विनम्रता

वे भक्तों को स्वयं अपने पास आकर्षित करते थे अन्यथा उन्हें कोई कैसे जान पाता। बाबा अति विनम्रता से इस प्रकार बोलते, ''दासानुदास, मैं तुम्हारा ऋणी हूँ। तुम्हारे दर्शन मात्र से मुझे सांत्वना मिली, यह तुम्हारा मेरे ऊपर बड़ा उपकार है कि जो मुझे तुम्हारे चरणों का दर्शन प्राप्त हुआ। तुम्हारे दर्शन कर मैं अपने को धन्य समझता हूँ।''

ऐसे विनम्र थे साईं बाबा!

*

बाबा का क्रोध

कभी-कभी वे क्रोधावस्था में कंपायमान हो जाते और उनके लाल नेत्र चारों ओर घूमने लगते थे, तथापि उनके अंत:करण में प्रेम और मातृस्नेह का स्रोत बहा ही करता था। भक्तों को बुलाकर वे कहा करते कि उन्हें तो कुछ ज्ञात ही नहीं है कि वे कब उन पर क्रोधित हुए! यदि यह संभव हो कि माताएँ अपने बालकों को ठुकरा दें और समुद्र नदियों को लौटा दे, तो वे भक्तों के कल्याण की भी उपेक्षा कर सकते हैं। वे तो भक्तों के समीप ही रहते हैं और जब भक्त उन्हें पुकारते हैं तो वे तुरंत

ही उपस्थित हो जाते हैं। वे तो भक्तों के प्रेम के भूखे हैं।

बस, शांत हो जाओ

एक बार शिरडी में भयानक झंझावात आया। आकाश में घने और काले बादल छाए हुए थे। पवन झकोरों से बह रहा था। बादल गरज रहे थे और बिजली चमक रही थी। मूसलधार वर्षा प्रारंभ हो गई। जहाँ देखो, वहाँ जल-ही-जल दृष्टिगोचर होने लगा। सब पशु, पक्षी और शिरडीवासी अधिक भयभीत होकर मसजिद में एकत्र हुए। सभी ने अपने भगवान् साईं से संकट-निवारण करने की प्रार्थना की। बाबा को भी दया आ गई और वे बाहर निकल आए। बादलों के समीप खड़े होकर उन्होंने बादलों की ओर दृष्टि कर गरजते हुए शब्दों में कहा कि "बस, शांत हो जाओ।" कुछ समय के बाद ही वर्षा का जोर कम हो गया और पवन मंद पड़ गई तथा आँधी भी शांत हो गई। आकाश में चंद्रदेव उदित हो गए और सब लोग अति प्रसन्न होकर अपने-अपने घर लौट आए।

नीचे उतरो, शांत हो जाओ

एक अन्य अवसर पर मध्याह्न के समय धूनी की अग्नि इतनी प्रचंड होकर चलने लगी कि उसकी लपटें ऊपर छत तक पहुँचने लगीं। मसजिद में बैठे हुए लोगों की समझ में न आता था कि जल डालकर अग्नि शांत कर दें अथवा कोई अन्य उपाय काम में लाएँ। बाबा से पूछने का साहस भी कोई नहीं कर पा रहा था। परंतु बाबा शीघ्र परिस्थिति को जान गए। उन्होंने अपना सटका उठाकर सामने के खंभे पर बलपूर्वक प्रहार किया और बोले, "नीचे उतरो और शांत हो जाओ।" सटके की प्रत्येक ठोकर

पर लपटें कम होने लगीं और कुछ मिनटों में ही धूनी शांत और यथापूर्वक हो गई।

अपना प्रयाग तो यहीं है

एक बार दासगणु ने बाबा से प्रयाग जाकर स्नान करने की आज्ञा माँगी। बाबा ने कहा, ''इतनी दूर व्यर्थ भटकने की क्या आवश्यकता है, अपना प्रयाग तो यहीं है। मुझ पर विश्वास करो।'' जैसे ही दासगणु बाबा के चरणों पर नत हुए तो बाबा के श्रीचरणों से गंगा-यमुना की धारा वेग से प्रवाहित होने लगी। यह चमत्कार देख दासगणु का प्रेम और भक्ति उमड़ पड़ी।

केवल गुरु में विश्वास ही पर्याप्त है

एक समय एक वृद्धा, श्रीमती राधाबाई शिरडी आई। उन्होंने आमरण अनशन का दृढ़ निश्चय किया, जब तक बाबा उन्हें स्वीकार कर कोई उपदेश न दे दें। उनका दृढ-निश्चय देखकर बाबा ने उसे अपने पास बुलाया और मधुर उपदेश देकर उसकी मनोवृत्ति परिवर्तित कर दी—''हे माता, क्यों व्यर्थ ही तुम यातना सहकर मृत्यु का आलिंगन करना चाहती हो। तुम मेरी माँ और मैं तुम्हारा बेटा। तुम मुझ पर दया करो और जो कुछ मैं कहूँ, उसे ध्यानपूर्वक सुनो। मैं अपनी स्वयं की कथा तुमसे कहता हूँ। यदि तुम उसे ध्यानपूर्वक श्रवण करोगी तो तुम्हें अवश्य परम शांति प्राप्त होगी। मेरे एक गुरु, जो बड़े सिद्ध पुरुष थे, मुझ पर बड़े दयालु थे। दीर्घकाल तक मैं उनकी सेवा करता रहा, फिर भी उन्होंने मेरे कानों में कोई मंत्र न फूँका। मैं उनसे कभी अलग होना भी नहीं चाहता था। मेरी प्रबल उत्कंठा थी कि उनकी सेवा कर जिस प्रकार भी संभव हो,

मंत्र प्राप्त करूँ। परंतु उनकी रीति तो न्यारी ही थी। उन्होंने पहले मेरा मुंडन कर मुझसे दो पैसे दक्षिणा में माँगे, जो मैंने तुरंत ही दे दिए। यदि तुम प्रश्न करो कि मेरे गुरु जब पूर्ण निष्काम थे तो उन्हें पैसे माँगना क्या शोभनीय था? और फिर उन्हें विरक्त भी कैसे कहा जा सकता है? इसका उत्तर केवल यह है कि वे कंचन को ठुकराया करते थे, क्योंकि उन्हें उसकी स्वप्न में भी आवश्यकता न थी। उन दो पैसों का अर्थ था (1) दृढ़ निष्ठा और (2) धैर्य।

"जब मैंने ये दोनों वस्तुएँ उन्हें अर्पित कर दीं तो वे अत्यंत प्रसन्न हुए। मैंने बारह वर्ष उनके श्रीचरणों की सेवा में ही व्यतीत किए। उन्होंने ही मेरा भरण-पोषण किया। अतः मुझे भोजन और वस्त्रों का कोई अभाव न था। वे प्रेम की मूर्ति थे अथवा यों कहो कि वे प्रेम के साक्षात् अवतार थे। मैं उनका वर्णन ही कैसे कर सकता हूँ? क्योंकि उनका तो मुझ पर अधिक स्नेह था और उनके समान कोई विरला ही गुरु मिलेगा। जब मैं उनकी ओर निहारता तो मुझे ऐसा प्रतीत होता कि वे गंभीर मुद्रा में ध्यानमग्न हैं और तब हम दोनों आनंदित हो जाते थे। आठों पहर मैं एकटक उनके ही श्रीमुख की ओर निहारा करता था। मैं भूख और प्यास की सुध-बुध खो बैठा। उनके दर्शनों के बिना मैं अशांत हो उठता था। गुरु-सेवा की चिंता के अतिरिक्त मेरे लिए और कोई चिंतनीय विषय या पदार्थ न था। मुझे तो सदैव उन्हीं का ध्यान रहता था। अतः मेरा मन उनके चरण-कमलों में लीन हो गया। यह हुई एक पैसे की दक्षिणा! धैर्य है, दूसरा पैसा। मैं धैर्यपूर्वक बहुत काल तक गुरु-सेवा करता रहा। यही धैर्य तुम्हें भी भवसागर से पार उतार देगा। धैर्य ही मनुष्य में मनुष्यत्व है। धैर्य धारण करने से समस्त पाप और मोह नष्ट होकर उनके हर प्रकार के संकट दूर होते हैं तथा भय जाता रहता है। इस प्रकार तुम्हें भी अपने ध्येय की प्राप्ति हो जाएगी। धैर्य

तो गुणों की खान व उत्तम विचारों की जननी है। निष्ठा और धैर्य दो जुड़वाँ बहनों के समान ही हैं, जिनमें परस्पर प्रगाढ़ प्रेम है।

"मेरे गुरु मुझसे किसी वस्तु की आकांक्षा नहीं रखते थे। उन्होंने कभी मेरी उपेक्षा नहीं की, वरन् सदैव रक्षा करते रहे। यद्यपि मैं सदैव उनके चरणों के समीप ही रहता था, फिर भी कभी किन्हीं अन्य स्थानों पर यदि चला जाता तो भी मेरे प्रेम में कभी कमी न हुई। वे सदा मुझ पर कृपा दृष्टि रखते थे। जिस प्रकार कछुवी प्रेमदृष्टि से अपने बच्चों का पालन करती है, चाहे वे उसके समीप हों अथवा नदी के उस पार। सो हे माँ! मेरे गुरु ने तो मुझे कोई मंत्र सिखलाया ही नहीं, तब मैं तुम्हारे कान में कैसे कोई मंत्र फूँकूँ? इस कारण व्यर्थ में किसी से उपदेश प्राप्त करने का प्रयत्न न करो। मुझे ही अपने विचारों तथा कर्मों का मुख्य ध्येय बना लो और तब तुम्हें निस्संदेह ही परमार्थ की प्राप्ति हो जाएगी। मेरी ओर अनन्य भाव से देखो तो मैं भी तुम्हारी ओर वैसे ही देखूँगा। इस मसजिद में बैठकर मैं सत्य ही बोलूँगा कि किन्हीं साधनाओं या शास्त्रों के अध्ययन की आवश्यकता नहीं, वरन् केवल गुरु में विश्वास ही पर्याप्त है। पूर्ण विश्वास रखो कि गुरु ही कर्ता है और वह धन्य है, जो गुरु की महानता से परिचित हो और उसे हरि, हर और ब्रह्म (त्रिमूर्ति) का अवतार समझता है।"

इस प्रकार समझाने से वृद्ध महिला को सांत्वना मिली और उसने बाबा को नमन कर अपना उपवास त्याग दिया।

*

गुरु की आवश्यकता क्यों है?

हेमाड़पंत के मन में उठी शंका—'गुरु की आवश्यकता क्यों है?' का निवारण बाबा ने इस प्रकार किया। किसी ने प्रश्न किया—"बाबा,

कहाँ जाएँ ?"

उत्तर मिला—"ऊपर जाओ।"

प्रश्न—"मार्ग कैसा है ?"

बाबा—"अनेक पंथ हैं। यहाँ से भी एक मार्ग है। परंतु यह मार्ग दुर्गम है तथा सिंह और भेड़िए भी मिलते हैं।"

प्रश्न—"यदि पथ-प्रदर्शक भी साथ हो तो ?"

बाबा—"तब कोई कष्ट न होगा। पथ-प्रदर्शक तुम्हारी सिंह, भेड़िए और खंदकों से रक्षा कर तुम्हें सीधे निर्दिष्ट स्थान पर पहुँचा देगा। परंतु उसके अभाव में जंगल में मार्ग भूलने या गड्ढे में गिर जाने की आशंका है।"

भूख सबकी एक सदृश ही है

एक बार बाबा ने लक्ष्मी से रोटी लेकर एक भूखे कुत्ते को दे दी। तब लक्ष्मीबाई कहने लगी, "बाबा, यह क्या, मैं तो शीघ्र घर गई और अपने हाथ से आपके लिए रोटी बना लाई। आपने एक भी ग्रास ग्रहण किए बिना रोटी कुत्ते के सामने डाल दी ? तब आपने व्यर्थ ही मुझे कष्ट दिया।" बाबा ने उत्तर दिया, "व्यर्थ दुःख न करो। कुत्ते की भूख शांत करना मुझे तृप्त करने के बराबर ही है। कुत्ते की भी तो आत्मा है। प्राणी भले भिन्न आकृति-प्रकृति के हों, उनमें कोई बोल सकते हैं और कोई मूक हैं, परंतु भूख सबकी एक सदृश ही है। इसे तुम सत्य जानो कि जो भूखों को भोजन कराता है, वह यथार्थ में मुझे ही भोजन कराता है। यह एक अकाट्य सत्य है।"

बाबा का संतोषपूर्वक भोजन

एक समय श्रीमती तर्खड शिरडी आई हुई थीं। दोपहर का भोजन प्राय: तैयार हो चुका था और थालियाँ परोसी ही जा रही थीं कि उसी समय एक भूखा कुत्ता आया और भौंकने लगा। श्रीमती तर्खड तुरंत उठीं और उन्होंने रोटी का एक टुकड़ा कुत्ते को डाल दिया। कुत्ता बड़ी रुचि के साथ उसे खा गया। संध्या के समय जब वे मसजिद में जाकर बैठीं तो बाबा ने उनसे कहा, ''माँ! आज तुमने मुझे बड़े प्रेम से खिलाया, मेरी भूखी आत्मा को बड़ी सांत्वना मिली है। सदैव ऐसा ही करती रहो, तुम्हें कभी-न-कभी इसका उत्तम फल अवश्य प्राप्त होगा। इस मसजिद में बैठकर मैं कभी असत्य नहीं बोलूँगा। सदैव मुझ पर ऐसा ही अनुग्रह करती रहो। पहले भूखों को भोजन कराओ, बाद में तुम भोजन किया करो। इसे अच्छी तरह ध्यान में रखो।'' बाबा के शब्दों का अर्थ उनकी समझ में न आया। तो बाबा कहने लगे, ''उस रोटी को ग्रहण कर मेरा हृदय तृप्त हो गया है और अभी तक मुझे डकारें आ रही हैं। भोजन करने से पूर्व तुमने जो कुत्ता देखा था और जिसे तुमने रोटी का टुकड़ा दिया था, वह यथार्थ में मेरा ही स्वरूप था और इसी प्रकार अन्य प्राणी भी मेरे ही स्वरूप हैं। मैं ही उनके आकारों में डोल रहा हूँ। जो इन सब प्राणियों में मेरा दर्शन करता है, वह मुझे अत्यंत प्रिय है। इसलिए द्वैत या भेदभाव भूलकर तुम मेरी सेवा किया करो।''

*

बाबा की सर्वव्यापकता और दयालुता

सन् 1910 में बाबा दीपावली के शुभ अवसर पर धूनी के समीप बैठे हुए अग्नि ताप रहे थे तथा साथ ही धूनी में लकड़ी डालते जा रहे

थे। धूनी प्रचंडता से प्रज्वलित थी। कुछ समय पश्चात् उन्होंने लकड़ियाँ डालने के बदले अपना हाथ धूनी में डाल दिया। हाथ बुरी तरह से झुलस गया। माघवराव देशपांडे ने बाबा को धूनी में हाथ डालते देखकर तुरंत दौड़कर उन्हें बलपूर्वक पीछे खींच लिया।

माघवराव ने बाबा से कहा, ''देवा! आपने ऐसा क्यों किया?'' बाबा सावधान होकर कहने लगे, ''यहाँ से कुछ दूरी पर एक लुहारिन जब भट्ठी धौंक रही थी, उसी समय उसके पति ने उसे बुलाया। कमर से बँधे हुए शिशु का ध्यान छोड़कर वह शीघ्रता से वहाँ दौड़कर गई। अभाग्यवश शिशु फिसलकर भट्ठी में गिर पड़ा। मैंने तुरंत भट्ठी में हाथ डालकर शिशु के प्राण बचा लिये। मुझे अपना हाथ जल जाने का कोई दुःख नहीं है, परंतु मुझे संतोष है कि एक मासूम शिशु के प्राण बच गए।''

भक्तों के कष्ट मेरे हैं

श्रीमती खापर्डे अपने छोटे पुत्र के साथ कई दिनों से शिरडी में थीं। पुत्र तीव्र ज्वर से पीड़ित था, पश्चात् उसे प्लेग की गिल्टी निकल आई। श्रीमती खापर्डे भयभीत हो बहुत घबराने लगीं और अमरावती लौट जाने का विचार करने लगीं। संध्या-समय जब बाबा वायु सेवन के लिए बाड़े के पास से जा रहे थे, तब उन्होंने उनसे लौटने की अनुमति माँगी तथा कंपित स्वर में कहने लगीं कि मेरा पुत्र प्लेग से ग्रस्त हो गया है, अतः अब मैं घर लौटना चाहती हूँ। प्रेमपूर्वक उनका समाधान करते हुए बाबा ने कहा, ''आकाश में बहुत बादल छाए हुए हैं। उनके हटते ही आकाश पूर्ववत् स्वच्छ हो जाएगा।'' ऐसा कहते हुए उन्होंने कमर तक अपनी कफनी ऊपर उठाई और वहाँ उपस्थित सभी लोगों को अंडों के बराबर चार गिल्टियाँ दिखाकर कहा, ''देखो, मुझे अपने भक्तों के लिए कितना

कष्ट उठाना पड़ता है! उनके कष्ट मेरे हैं।"

मध्याह्न की आरती के पश्चात् का कार्यक्रम

जब आरती समाप्त हो गई, तब श्री साईं बाबा ने मसजिद से बाहर आकर एक किनारे खड़े होकर बड़ी करुणा तथा प्रेम के साथ भक्तों को ऊदी वितरण की। भक्तगण भी उनके समक्ष खड़े होकर, उनकी ओर निहारकर, चरण छूने और ऊदी वृष्टि का आनंद लेते थे। बाबा दोनों हाथों से भक्तों को ऊदी देते और अपने हाथ से उनके मस्तक पर ऊदी का टीका लगाते थे। बाबा के हृदय में भक्तों के प्रति असीम प्रेम था। वे भक्तों को प्रेम से संबोधित करते, "ओ भाऊ! अब जाओ, भोजन करो। अण्णा! तुम भी अपने घर जाओ। बापू! तू भी जा और भोजन कर।"

इसी प्रकार वे प्रत्येक भक्त से संभाषण करते और उन्हें घर लौटाया करते।

व्यर्थ बैठने से कुछ लाभ न होगा

श्री व्ही.एच ठाकुर रेवेन्यू विभाग में एक कर्मचारी थे। वे एक समय भूमिमापक दल के साथ कार्य करते हुए बेलगाँव के समीप बडगाँव नामक ग्राम में पहुँचे। वहाँ उन्होंने एक कानड़ी संत पुरुष (अप्पा) के दर्शन कर उनकी चरण वंदना की। वे अपने भक्तों को निश्चलदास कृत 'विचार-सागर' नामक ग्रंथ (जो वेदांत के विषय में है) का भावार्थ समझा रहे थे। जब श्री ठाकुर उनसे विदाई लेने लगे तो उन्होंने कहा, "तुम्हें इस ग्रंथ का अध्ययन अवश्य करना चाहिए और ऐसा करने से तुम्हारी इच्छाएँ पूर्ण हो जाएँगी तथा जब कार्य करते-करते कालांतर में तुम उत्तर दिशा

में जाओगे तो सौभाग्यवश तुम्हारी एक महान् संत से भेंट होगी, जो मार्ग-प्रदर्शन कर तुम्हारे हृदय को शांति और सुख प्रदान करेंगे।''

बाद में उनका स्थानांतरण जुन्नर में हो गया, जहाँ कि नाणेघाट पार करके जाना पड़ता था। यह घाट अधिक गहरा और पार करने में कठिन था। इसलिए उन्हें भैंसे की सवारी कर घाट पार करना पड़ा, जो उन्हें अधिक असुविधाजनक और कष्टकर प्रतीत हुआ। इसके पश्चात् उनका स्थानांतरण कल्याण में एक उच्च पद पर हो गया और वहाँ उनका नानासाहेब चाँदोलकर से परिचय हुआ। उनके द्वारा उन्हें श्री साईं बाबा के संबंध में बहुत कुछ ज्ञात हुआ और उन्हें उनके दर्शन की तीव्र उत्कंठा हुई। वे अपने कुछ मित्रों के साथ श्री साईं बाबा के दर्शन को गए।

उन्होंने बाबा के दर्शन किए और उनके चरणकमलों की आराधना कर अत्यंत हर्षित हुए। उन्हें रोमांच हो आया और उनकी आँखों से अश्रुधाराएँ प्रवाहित होने लगीं।

त्रिकालदर्शी बाबा ने उनसे कहा, ''इस स्थान का मार्ग इतना सुगम नहीं, जितना कि कानड़ी संत अप्पा के उपदेश या नाणेघाट पर भैंसे की सवारी थी। आध्यात्मिक पथ पर चलने के लिए तुम्हें घोर परिश्रम करना पड़ेगा, क्योंकि यह अत्यंत कठिन पथ है।'' जब श्री ठाकुर ने सारगर्भित शब्द सुने, जिनका अर्थ उनके अतिरिक्त और कोई न जानता था, तो उनके हर्ष का पारावार न रहा और उन्हें कानड़ी संत के वचनों की स्मृति हो आई। तब उन्होंने दोनों हाथ जोड़कर बाबा के चरणों पर अपना मस्तक रखा और उनसे प्रार्थना की कि ''प्रभु, मुझ पर कृपा करो और इस अनाथ को अपने चरणकमलों की शीतल छाया में स्थान दो।'' तब बाबा बोले, ''जो कुछ अप्पा ने कहा, वह सत्य था। उसका अभ्यास कर उसके अनुसार ही तुम्हें आचरण करना चाहिए। व्यर्थ बैठने से कुछ लाभ

न होगा। जो कुछ तुम पठन करते हो, उसको आचरण में भी लाओ, अन्यथा उसका उपयोग ही क्या? गुरु कृपा के बिना ग्रंथावलोकन तथा आत्मानुभूति निरर्थक ही है।'' श्री ठाकुर ने अभी तक केवल 'विचार-सागर' ग्रंथ में सैद्धांतिक प्रकरण ही पढ़ा था, परंतु उसकी प्रत्यक्ष व्यवहार प्रणाली तो उन्हें शिरडी में ही ज्ञात हुई।

कभी किसी की निंदा नहीं करनी चाहिए

एक समय पंढरपुर के एक वकील शिरडी आए। उन्होंने बाबा के दर्शन कर उन्हें प्रणाम किया तथा कुछ दक्षिणा भेंट देकर एक कोने में बैठ वार्त्तालाप सुनने लगे। बाबा उनकी ओर देखकर कहने लगे, ''लोग कितने धूर्त हैं, जो यहाँ आकर चरणों पर गिरते और दक्षिणा देते हैं, परंतु भीतर से पीठ पीछे गालियाँ देते रहते हैं। कितने आश्चर्य की बात है न?'' यह पगड़ी वकील के सिर पर ठीक बैठी और उन्हें उसे पहननी पड़ी। कोई भी इन शब्दों का अर्थ न समझ सका। परंतु वकील साहब इसका गूढ़ार्थ समझ गए, फिर भी वे सिर झुकाकर बैठे रहे। वाड़े लौटकर वकील साहब ने काका साहब दीक्षित को बतलाया कि बाबा ने जो कुछ उदाहरण दिया और वह मेरी ही ओर लक्ष्य कर कहा गया था, वह सत्य है। वह केवल चेतावनी ही थी कि मुझे किसी की निंदा नहीं करनी चाहिए। एक समय जब उपन्यायाधीश श्री नूलकर स्वास्थ्य लाभ करने के लिए पंढरपुर से शिरडी आकर ठहरे तो बाररूम में उनके संबंध में चर्चा हो रही थी। विवाद का विषय था कि जिस व्याधि से उपन्यायाधीश अस्वस्थ हैं, क्या बिना औषधि का सेवन किए केवल साईं बाबा की शरण में जाने से ही उनका छुटकारा संभव है और क्या श्रीनूलकर सदृश एक शिक्षित व्यक्ति को इस मार्ग का अवलंबन करना उचित है? उस समय

श्री नूलकर का और साथ-ही-साथ श्री साईं बाबा का भी बहुत उपहास किया गया।

मैंने भी इस आलोचना में हाथ बँटाया था। श्री साईं बाबा ने मेरे उसी दूषित आचरण पर प्रकाश डाला है। यह मेरे लिए उपहास नहीं अपितु एक उपकार है, जो केवल उपदेश है कि मुझे किसी की निंदा नहीं करनी चाहिए और न ही दूसरों के कार्यों में विघ्न डालना चाहिए।

शिरडी और पंढरपुर में 300 मील का अंतर है। फिर भी बाबा ने अपनी सर्वज्ञता द्वारा जान लिया कि बाररूम में क्या चल रहा था! मार्ग में आने वाली नदियाँ, जंगल और पहाड़ उनकी सर्वज्ञता के लिए रोड़ा न थे। वे सबके हृदय की गुह्य बात जान लेते थे और उनसे कुछ छिपा न था।

संन्यासी को सद्गति

एक मद्रासी संन्यासी विजयानंद मानसरोवर की यात्रा करने निकले। मार्ग में वे बाबा की कीर्ति सुनकर शिरडी आए, जहाँ उनकी भेंट हरिद्वार के सोमदेवजी स्वामी से हुई और इनसे उन्होंने मानसरोवर की यात्रा के संबंध में पूछताछ की। स्वामीजी ने उन्हें बर्फ की अधिकता, भाषा में भिन्नता के कारण मानसरोवर यात्रा के मार्ग में आनेवाले कष्टों का उल्लेख किया। ये सब सुनकर संन्यासी का चित्त उदास हो गया और उसने यात्रा करने का विचार त्यागकर मसजिद में जाकर बाबा के श्रीचरणों का स्पर्श किया। बाबा क्रोधित होकर कहने लगे, ''इस निकम्मे संन्यासी को निकालो यहाँ से। इसका संग करना व्यर्थ है।'' संन्यासी बाबा के स्वभाव से पूर्ण अपरिचित था। उसे बड़ी निराशा हुई। परंतु वहाँ पर जो कुछ भी गतिविधियाँ चल रहीं थी, उन्हें वह बैठे-बैठे ही देखता रहा।

प्रातःकाल का दरबार लोगों से ठसाठस भरा हुआ था और बाबा को

यथाविधि अभिषेक कराया जा रहा था। कोई पाद-प्रक्षालन कर रहा था तो कोई चरणों को छूकर तथा कोई तीर्थस्पर्श से अपने नेत्र तृप्त कर रहा था। जाति-पाँति का भेदभाव भुलाकर सब भक्त यह कार्य कर रहे थे। यद्यपि बाबा उस पर क्रोधित हो गए थे तो भी संन्यासी के हृदय में उनके प्रति बड़ा प्रेम उत्पन्न हो गया था। उसे यह स्थान छोड़ने की इच्छा ही न होती थी। दो दिन के पश्चात् ही मद्रास से पत्र आया कि उसकी माँ की स्थिति अत्यंत चिंताजनक है, जिसे पढ़कर उसे बड़ी निराशा हुई और वह अपनी माँ के दर्शन की इच्छा करने लगा, परंतु बाबा की आज्ञा के बिना वह शिरडी से जा ही कैसे सकता था? इसलिए वह हाथ में पत्र लेकर उनके समीप गया और उनसे घर लौटने की अनुमति माँगी।

त्रिकालदर्शी बाबा को तो सबका भविष्य विदित ही था। उन्होंने कहा, ''जब तुम्हें अपनी माँ से इतना मोह था तो फिर संन्यास धारण करने का कष्ट ही क्यों उठाया? ममता या मोह भगवा वस्त्रधारियों को क्या शोभा देता है? जाओ, चुपचाप अपने स्थान पर रहकर कुछ दिन शांतिपूर्वक बिताओ। परंतु सावधान! वाड़े में चोर अधिक हैं। इसलिए द्वार बंद कर सावधानी से रहना, नहीं तो चोर सबकुछ चुराकर ले जाएँगे। 'लक्ष्मी' यानी संपत्ति चंचला है और यह शरीर भी नाशवान् है, ऐसा ही समझकर इहलौकिक व पारलौकिक समस्त पदार्थों का मोह त्यागकर अपना कर्तव्य करो। जो इस प्रकार का आचरण कर श्रीहरि के शरणागत हो जाता है, उसका सब कष्टों से शीघ्र छुटकारा हो उसे परमानंद की प्राप्ति हो जाती है। जो परमात्मा का ध्यान व चिंतन-प्रेम भक्तिपूर्वक करता है, परमात्मा भी उसकी अविलंब सहायता करते हैं। पूर्वजन्मों के शुभ संस्कारों के फलस्वरूप ही तुम यहाँ पहुँचे हो और अब जो कुछ मैं कहता हूँ, उसे ध्यानपूर्वक सुनो तथा अपने जीवन के अंतिम ध्येय पर विचार करो।

"इच्छारहित होकर कल से भागवत का तीन सप्ताह तक पठन-पाठन प्रारंभ करो। तब भगवान् प्रसन्न होंगे और तुम्हारे सब दुःख दूर कर देंगे। माया का आवरण दूर होकर तुम्हें शांति प्राप्त होगी।"

बाबा ने उसका अंतकाल समीप देखकर उसे यह उपचार बता दिया और साथ ही 'रामविजय' पढ़ने की भी आज्ञा दी, जिससे यमराज अधिक प्रसन्न होते हैं। दूसरे दिन स्नानादि तथा अन्य शुद्धि के कृत्य कर उसने लैंडी बाग के एकांत में बैठकर भागवत का पाठ प्रारंभ कर दिया। दूसरी बार पठन समाप्त होने पर वह बहुत थक गया और वाड़े में आकर दो दिन ठहरा, तीसरे दिन बड़े बाबा की गोद में उसके प्राण-पखेरू उड़ गए। बाबा ने दर्शनों के निमित्त एक दिन के लिए उसका शरीर सँभालकर रखने के लिए कहा। तत्पश्चात् पुलिस आई और यथोचित जाँच-पड़ताल करने के उपरांत मृत शरीर को उठाने की आज्ञा दे दी। धार्मिक कृत्यों के साथ उसकी उपयुक्त स्थान पर समाधि बना दी गई। बाबा ने इस प्रकार संन्यासी की सहायता कर उसे सद्गति प्रदान की।

उपवास की आवश्यकता ही क्या है?

श्रीमती काशीबाई कानिटकर (श्री साईं बाबा की एक भक्त) से परिचय-पत्र लेकर श्रीमती गोखले, दादा केलकर के पास शिरडी आईं। वे यह दृढ़ निश्चय करके आई थीं कि बाबा के श्रीचरणों में बैठकर तीन दिन उपवास करूँगी। उनके शिरडी पहुँचने के एक दिन पूर्व ही बाबा ने दादा केलकर से कहा, "मैं शिगमा (होली) के दिनों में अपने बच्चों को भूखा नहीं देख सकता हूँ। यदि उन्हें भूखा रहना पड़ा तो मेरे यहाँ होने का लाभ ही क्या है?"

दूसरे दिन जब वह महिला दादा केलकर के साथ मसजिद में

जाकर बाबा के चरण-कमलों के समीप बैठीं तो तुरंत बाबा ने कहा, "उपवास की आवश्यकता ही क्या है ? दादा भट्ट के घर जाकर पूरनपोली तैयार करो। अपने बच्चों को खिलाओ और स्वयं खाओ।" वे होली के दिन थे और इस समय श्रीमती केलकर मासिक धर्म से थीं। दादा भट्ट के घर में रसोई बनाने के लिए कोई न था, इसलिए बाबा की युक्ति बड़ी सामयिक थी।

श्रीमती गोखले ने दादा भट्ट के घर जाकर भोजन तैयार किया और दूसरों को भोजन कराकर स्वयं भी खाया।

*

बाबा के सरकार

बाबा ने अपने बचपन की एक कहानी का इस प्रकार वर्णन किया—

"जब मैं छोटा था, तब जीविका उपार्जनार्थ मैं बीडगाँव आया। वहाँ मुझे जरी का काम मिल गया और मैं पूर्ण लगन और उम्मीद से अपना काम करने लगा। मेरा काम देखकर सेठ बहुत ही प्रसन्न हुआ। मेरे साथ तीन लड़के और भी काम करते थे। पहले का काम 50 रुपए का, दूसरे का 100 रुपए का हुआ। मेरा काम उन तीनों से दुगुना हो गया। मेरी निपुणता देखकर सेठ बहुत ही प्रसन्न हुआ। वह मुझे अधिक चाहता था और मेरी प्रशंसा भी करता रहता था। उसने मुझे एक पूरी पोशाक प्रदान की, जिसमें सिर के लिए एक पगड़ी और शरीर के लिए एक शेला भी था। मेरे पास वह पोशाक वैसी ही रखी रही। मैंने सोचा कि जो कुछ मनुष्य-निर्मित है, वह नाशवान और अपूर्ण है, परंतु जो कुछ मेरे सरकार द्वारा प्राप्त होगा, वही अंत तक रहेगा। किसी भी मनुष्य के उपहार की उससे समानता संभव नहीं है। मेरे सरकार कहते हैं, "ले जाओ।" लोग मेरे पास आकर कहते हैं, "मुझे दो, मुझे दो।" परंतु जो कुछ मैं कहता

हूँ, उसके अर्थ पर कोई ध्यान देने का प्रयत्न नहीं करता। मेरे सरकार का खजाना (आध्यात्मिक भंडार) भरपूर है और वह बह रहा है। मैं तो कहता हूँ कि खोदकर गाड़ी में भरकर ले जाओ। जो सच्ची माँ का लाल होगा, उसे स्वयं ही भरना चाहिए। मेरे फकीर की कला, मेरे भगवान् की लीला और मेरे सरकार का बरताव सर्वथा अद्वितीय है। मेरा क्या, यह शरीर मिट्टी में मिलकर सारे भूमंडल में व्याप्त हो जाएगा तथा फिर यह अवसर कभी प्राप्त न होगा। मैं चाहे कहीं जाता हूँ या कहीं बैठता हूँ, परंतु माया फिर भी मुझे कष्ट पहुँचाती है। इतना होने पर भी मैं अपने भक्तों के कल्याणार्थ सदैव उत्सुक ही रहता हूँ। जो कुछ भी कोई करता है, एक दिन उसका फल उसको अवश्य प्राप्त होगा और जो मेरे इन वचनों को याद रखेगा, उसे मौलिक आनंद की प्राप्ति होगी।

पवित्र रुपया

एक अवसर पर बाबा के परम भक्त कैप्टन हाटे ने विचार किया कि बाबा के पवित्र करकमलों द्वारा स्पर्शित एक रुपया लाकर अपने घर में अवश्य ही रखना चाहिए। अचानक ही उनकी भेंट अपने एक मित्र से हो गई, जो शिरडी जा रहे थे। उनके हाथ ही श्री हाटे ने एक रुपया भेज दिया। शिरडी पहुँचने पर बाबा को यथायोग्य प्रणाम करने के पश्चात् उसने दक्षिणा भेंट की, जिसे उन्होंने तुरंत ही अपनी जेब में रख लिया। तत्पश्चात् उसने कैप्टन हाटे का रुपया भी अर्पण किया, जिसे वे हाथ में लेकर गौर से निहारने लगे। उन्होंने उसका अंकित चित्र ऊपर की ओर कर अँगूठे पर रख खनखनाया और अपने हाथ में लेकर देखने लगे। फिर वे उनके मित्र से कहने लगे—"ऊदी सहित यह रुपया अपने मित्र को लौटा देना। मुझे उनसे कुछ नहीं चाहिए।" उनसे कहना कि वे आनंकपूर्वक

रहें। मित्र ने ग्वालियर आकर वह रुपया हाटे को देकर वहाँ जो कुछ हुआ था, वह सब उन्हें सुनाया, जिसे सुनकर उन्हें बड़ी प्रसन्नता हुई और उन्होंने अनुभव किया कि बाबा सदैव उत्तम विचारों को प्रोत्साहित करते हैं। उनकी मनोकामना बाबा ने पूर्ण कर दी।

*

बाबा की विचित्र नीति

अब एक सर्वथा भिन्न कथा का श्रवण करें। एक महाशय, जिनका नाम वामन नार्वेकर था, उनकी साईं-चरणों में प्रगाढ़ प्रीति थी। एक बार वे एक ऐसी मुद्रा लाए, जिसके एक ओर राम, लक्ष्मण और सीता तथा दूसरी ओर करबद्ध मुद्रा में मारुति का चित्र अंकित था। उन्होंने यह मुद्रा बाबा को इस अभिप्राय से भेंट की कि वे इसे अपने कर-स्पर्श से पवित्र कर ऊदी सहित लौटा दें। परंतु उन्होंने उसे तुरंत अपनी जेब में रख लिया। शामा ने वामनराव की इच्छा बताकर उनसे मुद्रा वापस करने का अनुरोध किया। तब वे वामनराव के सामने ही कहने लगे कि "यह भला उनको क्यों लौटाई जाए? इसे तो हमें अपने पास ही रखना चाहिए। यदि वे इसके बदले में पच्चीस रुपया देना स्वीकार करें तो मैं इसे लौटा दूँगा।" वह मुद्रा वापस पाने के हेतु श्री वामनराव ने पच्चीस रुपए एकत्र कर उन्हें भेंट किए। तब बाबा कहने लगे, "इस मुद्रा का मूल्य तो पच्चीस रुपयों से कहीं अधिक है! शामा! तुम इसे अपने भंडार में जमा करके अपने देवालय में प्रतिष्ठित कर इसका नित्य पूजन करो।" किसी का साहस न था कि वे यह पूछ लें कि उन्होंने ऐसी नीति क्यों अपनाई? यह तो केवल बाबा ही जानें कि किसके लिए, कब और क्या उपयुक्त है।

*

गंगा-स्नान

मेघा अत्यंत सीधा और अनपढ़ व्यक्ति था। वह शिवजी का परम भक्त था। वह श्री साईं बाबा को शिवजी का ही साक्षात् अवतार समझने लगा था। एक बार मकर संक्रांति के अवसर पर मेघा ने विचार किया कि बाबा को चंदन का लेप करूँ तथा गंगाजल से उन्हें स्नान कराऊँ। बाबा ने पहले तो इसके लिए अपनी स्वीकृति न दी, परंतु उसकी लगातार प्रार्थना के उपरांत उन्होंने किसी प्रकार स्वीकार कर लिया। गोदावरी नदी का पवित्र जल लाने के लिए मेघा को आठ कोस का चक्कर लगाना पड़ा। वह जल लेकर लौट आया और दोपहर तक पूर्ण व्यवस्था कर ली। तब उसने बाबा को तैयार होने की सूचना दी। बाबा ने पुनः मेघा से अनुरोध किया, "मुझे इस झंझट से दूर ही रहने दो। मैं तो एक फकीर हूँ, मुझे गंगाजल से क्या प्रयोजन?" परंतु मेघा कुछ सुनता ही न था। मेघा की तो यह दृढ़ धारणा थी कि शिवजी गंगाजल से अधिक प्रसन्न होते हैं। इसलिए ऐसे शुभ पर्व पर अपने शिवजी को स्नान कराना हमारा परम कर्तव्य है। अब तो बाबा को सहमत होना ही पड़ा और नीचे उतरकर वे एक पीढ़े पर बैठ गए तथा अपना मस्तक आगे करते हुए कहने लगे, "अरे मेघा! कम-से-कम इतनी कृपा तो करना कि केवल मेरे सिर पर ही पानी डालना। सिर शरीर का प्रधान अंग है और उस पर पानी डालना ही पूरे शरीर पर पानी डालने के सदृश है।"

मेघा ने 'अच्छा, अच्छा' कहते हुए बरतन उठाकर सिर पर पानी डालना प्रारंभ किया। ऐसा करने से उसे इतनी प्रसन्नता हुई कि उसने उच्च स्वर में 'हर हर गंगे' कहते हुए समूचे बरतन का पानी बाबा के शरीर पर उँड़ेल दिया और फिर पानी का बरतन एक ओर रखकर वह बाबा की ओर निहारने लगा। उसने देखा कि बाबा का तो केवल सिर

ही भीगा है और शेष भाग ज्यों-का-त्यों बिल्कुल सूखा ही है। यह देख उसे बड़ा आश्चर्य हुआ।

दो छिपकलियों का मिलन

एक बार बाबा मसजिद में बैठे थे कि उसी समय एक छिपकली चिकचिक करने लगी। कौतूहलवश एक भक्त ने बाबा से पूछा, "छिपकली के चिकचिकाने का क्या कोई विशेष अर्थ है? यह शुभ है या अशुभ?" बाबा ने कहा, "इस छिपकली की बहन आज औरंगाबाद से यहाँ आनेवाली है। इसलिए यह प्रसन्नता से फूली नहीं समा रही है।" वह भक्त बाबा के शब्दों का अर्थ न समझ सका। इसलिए वह चुपचाप वहीं बैठा रहा। इसी समय औरंगाबाद से एक आदमी घोड़े पर बाबा के दर्शनार्थ आया। वह तो आगे जाना चाहता था, परंतु घोड़ा अधिक भूखा होने के कारण बढ़ता ही न था। तब उसने चना लाने के लिए एक थैली निकाली और धूल झटकारने के लिए उसे भूमि पर फटकारा तो उसमें से एक छिपकली निकली और सब के देखते-देखते ही वह दीवार पर चढ़ गई। बाबा ने प्रश्न करनेवाले भक्त से ध्यानपूर्वक देखने को कहा। छिपकली तुरंत ही गर्व से अपनी बहन के पास पहुँच गई थी। दोनों बहनें बहुत देर तक एक-दूसरे से मिलीं और परस्पर चुंबन व आलिंगन कर चारों ओर घूम-घूमकर प्रेमपूर्वक नाचने लगीं। कहाँ शिरडी और कहाँ औरंगाबाद? किस प्रकार एक आदमी घोड़े पर सवार होकर, थैली में छिपकली को लिये हुए वहाँ पहुँचता है और बाबा को उन दो बहनों की भेंट का पता कैसे चल जाता है—यह सब घटना बहुत आश्चर्यजनक है और बाबा की सर्वव्यापकता की द्योतक है।

ब्रह्मदर्शन

एक धनी व्यक्ति अपने जीवन में सब प्रकार से संपन्न था। ब्रह्मज्ञान-प्राप्ति की इच्छा से वह आने-जाने के लिए एक ताँगा लेकर शिरडी आया और सीधे मसजिद पहुँचा। साईं बाबा के दर्शन कर उनके चरणों पर गिरा और प्रार्थना की, "आप यहाँ आनेवाले समस्त लोगों को अल्प समय में ही ब्रह्मदर्शन करा देते हैं, केवल यही सुनकर मैं बहुत दूर इतना मार्ग चलकर आया हूँ। मैं इस यात्रा से अधिक थक गया हूँ। यदि कहीं मुझे ब्रह्मज्ञान की प्राप्ति हो जाए तो मैं यह कष्ट उठाना अधिक सफल और सार्थक समझूँगा।"

बाबा बोले, "मेरे प्रिय मित्र! इतने अधीर न होओ। मैं तुम्हें शीघ्र ही ब्रह्म का दर्शन करा दूँगा। मेरे सब व्यवहार तो नकद ही हैं और मैं उधार कभी नहीं करता। इसी कारण अनेक लोग धन, स्वास्थ्य, शक्ति, मान, पद, आरोग्य तथा अन्य पदार्थों की इच्छापूर्ति के हेतु मेरे समीप आते हैं। ऐसा तो कोई विरला ही आता है, जो ब्रह्मज्ञान का पिपासु हो। भौतिक पदार्थों की अभिलाषा से यहाँ आनेवाले जिज्ञासुओं का आगमन बहुत ही दुर्लभ है। मैं सोचता हूँ कि यह क्षण मेरे लिए बहुत ही धन्य तथा शुभ है; जब आप सरीखे महानुभाव यहाँ पधारकर मुझे ब्रह्मज्ञान देने के लिए जोर दे रहे हैं। मैं सहर्ष आपको ब्रह्मज्ञान करा दूँगा।"

यह कहकर बाबा ने उन्हें ब्रह्मज्ञान-दर्शन कराने हेतु अपने पास बिठा लिया और इधर-उधर की चर्चाओं में लगा दिया, जिससे कुछ देर के लिए वे अपना प्रश्न भूल गए। उन्होंने एक बालक को बुलाकर नंदू मारवाड़ी के यहाँ से पाँच रुपए उधार लाने को भेजा। लड़के ने वापस आकर बतलाया कि नंदू का तो कोई पता नहीं है और उसके घर पर ताला पड़ा है। फिर बाबा ने उसे दूसरे व्यापारी के यहाँ भेजा। इस बार

भी लड़का रुपए लाने में असफल ही रहा। इस प्रयोग को दो-तीन बार दुहराने पर भी उसका परिणाम पूर्ववत् ही निकला। ब्रह्मजिज्ञासु महाशयजी के पास नोटों की अनेक गड्डियाँ थीं। फिर भी वे बाबा को पाँच रुपया उधार देने तक का साहस न कर सका।

यदि बाबा से सचमुच प्रेम करनेवाला अन्य कोई व्यक्ति होता तो वह केवल दर्शक न बनकर तुरंत ही पाँच रुपए दे देता। परंतु इन महाशय की दशा तो बिल्कुल ही विपरीत थी। उन्होंने न रुपए दिए और न शांत ही बैठे, वरन् वापस जल्दी लौटने की तैयारी करने लगे और अधीर होकर बाबा से बोले, "अरे बाबा! कृपया मुझे शीघ्र ब्रह्मज्ञान दो।" बाबा ने उत्तर दिया, "मेरे प्रिय मित्र! क्या इस नाटक से तुम्हारी समझ में कुछ नहीं आया? मैं तुम्हें ब्रह्मदर्शन कराने का ही तो प्रयत्न कर रहा था। संक्षेप में तात्पर्य यह है कि ब्रह्म का दर्शन करने के लिए पाँच वस्तुओं का त्याग करना पड़ता है—(1) पाँच प्राण (2) पाँच इंद्रियाँ (3) मन (4) बुद्धि तथा (5) अहंकार। यह हुआ ब्रह्मज्ञान! आत्मानुभूति का मार्ग भी उसी प्रकार है, जिस प्रकार तलवार की धार पर चलना।"

*

निंदा संबंधी उपदेश

उपदेश देने के लिए किसी विशेष समय या स्थान की प्रतीक्षा न कर बाबा यथायोग्य समय पर ही स्वतंत्रतापूर्वक उपदेश दिया करते थे। एक बार एक भक्त ने बाबा की अनुपस्थिति में दूसरे लोगों के सम्मुख किसी को अपशब्द कहे। गुणों की उपेक्षा कर उसने अपने भाई के दोषारोपण में इतने बुरे कटु वाक्यों का प्रयोग किया कि सुननेवालों को भी उसके प्रति घृणा होने लगी।

मध्याह्नकाल में जब लेंडी के समीप उससे भेंट हुई, तब बाबा

ने विष्ठा खाते हुए एक सूअर की ओर उँगली उठाकर उससे कहा, ''देखो, वह कितने प्रेमपूर्वक विष्ठा खा रहा है! तुम जी भरकर अपने भाइयों को सदा अपशब्द कहा करते हो और यह तुम्हारा आचरण भी ठीक उसी के सदृश है। अनेक शुभ कर्मों के परिणामस्वरूप तुम्हें मानव-तन प्राप्त हुआ, इसलिए यदि तुमने इसी प्रकार आचरण किया तो शिरडी तुम्हारी सहायता ही क्या कर सकेगी?''

भक्ति का बीजारोपण

एक समय ठाणे के कौपीनेश्वर मंदिर में श्री दासगणु कीर्तन में श्री साईं बाबा का गुणगान कर रहे थे। श्रोताओं में एक चोलकर नामक व्यक्ति, जो ठाणे के दीवानी न्यायालय में एक अस्थायी कर्मचारी था, भी वहाँ उपस्थित था। दासगणु का कीर्तन सुन वह बहुत प्रभावित हुआ और मन-ही-मन बाबा को नमनकर प्रार्थना करने लगा, ''हे बाबा! मैं एक निर्धन व्यक्ति हूँ और अपने कुटुंब का भरण-पोषण भी भलीभाँति करने में असमर्थ हूँ। यदि मैं आपकी कृपा से विभागीय परीक्षा में उत्तीर्ण हो गया तो आपके श्रीचरणों में उपस्थित होकर आपके निमित्त मिश्री का प्रसाद बाटूँगा।'' भाग्य में पलटा खाया और चोलकर परीक्षा में उत्तीर्ण हो गया। उसकी नौकरी भी स्थायी हो गई। अब केवल संकल्प ही शेष रहा। श्री चोलकर निर्धन तो था ही और उसकी कुटुंब भी बड़ा था। अतः वह शिरडी यात्रा के लिए मार्ग-व्यय जुटाने में असमर्थ हुआ। श्री चोलकर अपना संकल्प शीघ्रातिशीघ्र पूरा करने के लिए उत्सुक था। उसने मितव्ययी बनकर, अपना खर्च घटाकर पैसा बचाने का निश्चय किया। इस कारण उसने बिना शक्कर की चाय पीना प्रारंभ किया और इस तरह कुछ द्रव्य एकत्र कर वह शिरडी पहुँचा।

उसने बाबा का दर्शन कर उनके चरणों पर गिरकर नारियल भेंट किया तथा अपने संकल्पानुसार श्रद्धा से मिश्री वितरित की और बाबा से बोला कि आपके दर्शन से मेरे हृदय को अत्यंत प्रसन्नता हुई है। मेरी समस्त इच्छाएँ तो आपकी कृपादृष्टि से उसी दिन पूर्ण हो चुकी थीं। मसजिद में श्री चोलकर का आतिथ्य करनेवाले श्री बापू साहेबजोग भी वहीं उपस्थित थे। जब वे दोनों वहाँ से जाने लगे तो बाबा जोग से इस प्रकार कहने लगे, "अपने अतिथि को चाय के प्याले में अच्छी तरह शक्कर मिलाकर देना।" इन अर्थपूर्ण शब्दों को सुनकर श्री चोलकर का हृदय भर आया और उसे बड़ा आश्चर्य हुआ। उसके नेत्रों से अश्रुधाराएँ प्रवाहित होने लगीं और वे प्रेम से विह्वल होकर श्रीचरणों पर गिर पड़े। श्री जोग को "अधिक शक्कर सहित चाय के प्याले अतिथि को दो" यह विचित्र आज्ञा सुनकर बड़ा कौतूहल हो रहा था कि यथार्थ में इसका अर्थ क्या है ? बाबा का उद्‌देश्य तो श्री चोलकर के हृदय में केवल भक्ति का बीजारोपण करना ही था। बाबा ने उन्हें संकेत किया था कि वे शक्कर छोड़ने के गुप्त निश्चय से भलीभाँति परिचित हैं।

परिश्रम के लिए मजदूरी

एक दिन बाबा ने राधाकृष्ण भाई के घर के समीप आकर एक सीढ़ी लाने को कहा। तब एक भक्त सीढ़ी ले आया और उनके बतलाए अनुसार वामन गोंदकर के घर पर उसे लगाया। वे उसके घर पर चढ़ गए और राधाकृष्णमाई के छप्पर पर से होकर दूसरे छोर से नीचे उतर आए। इसका अर्थ किसी की समझ में न आया। नीचे उतरने के पश्चात् शीघ्र ही उन्होंने सीढ़ी लाने के दो रुपए दिए। तब एक ने साहस कर उनसे पूछा, "इतने अधिक पैसे देना क्या अर्थ रखता है।" बाबा ने

कहा, "किसी से बिना उसके परिश्रम का मूल्य चुकाए कार्य नहीं कराना चाहिए और कार्य करनेवाले को उसके श्रम का शीघ्र निपटारा कर उदार हृदय से मजदूरी देनी चाहिए।"

क्या सभी को लाभ पहुँचता है?

एक बार दामू अण्णा (एक भक्त) के मन में प्रश्न उठा, जिसका उत्तर बाबा ने इस प्रकार दिया।

प्रश्न—जो जनसमुदाय श्री साईं के दर्शनार्थ शिरडी आता है, क्या उन सभी को लाभ पहुँचता है?

बाबा—"बौर लगे आम वृक्ष की ओर देखो। यदि सभी बौर फल बन जाएँ तो आमों की गणना भी न हो सकेगी। परंतु क्या ऐसा होता है? बहुत से बौर झरकर गिर जाते हैं। कुछ फले और बढ़े भी तो आँधी के झकोरों से गिरकर नष्ट हो जाते हैं और उनमें से कुछ थोड़े ही शेष रह जाते हैं।"

बाबा द्वारा गीता के एक श्लोक की टीका

किसी को स्वप्न में भी ज्ञात न था कि बाबा संस्कृत के भी ज्ञाता हैं। एक दिन नाना साहेब चाँदोलकर को गीता के एक श्लोक का अर्थ समझाकर उन्होंने लोगों को विस्मय में डाल दिया। नाना साहेब बाबा की चरण-सेवा कर रहे थे और अस्पष्ट शब्दों में कुछ गुनगुना रहे थे।

बाबा—"नाना, तुम धीरे-धीरे क्या गा रहे हो?"

नाना—"मैं गीता के एक श्लोक का पाठ कर रहा हूँ।"

बाबा—"कौन सा श्लोक है वह?"

नाना—"यह भगवद्‌गीता का एक श्लोक है।"

बाबा—"जरा उसे उच्च स्वर में कहो।"

तब नाना भगवद्‌गीता के चौथे अध्याय का 34वाँ श्लोक कहने लगे—

"तद्विद्धि प्रणिपातेन परिप्रश्नेन सेवया।
उपदेक्ष्यन्ति ते ज्ञानं ज्ञानिनस्तत्त्वदर्शिनः॥"

बाबा—"नाना, क्या तुम्हें इसका अर्थ विदित है?"

नाना—"जी, महाराज!"

बाबा—"यदि विदित है तो मुझे भी सुनाओ।"

नाना—"इसका अर्थ है कि तत्त्व को जाननेवाले ज्ञानी पुरुषों को भली प्रकार दंडवत् कर, सेवा और निष्कपट भाव से किए गए प्रश्न द्वारा उस ज्ञान को जान व ज्ञानी जिन्हें ब्रह्म की प्राप्ति हो चुकी है, तुम्हें ज्ञान का उपदेश देंगे।"

बाबा—"नाना, मैं इस प्रकार का संकुल भावार्थ नहीं चाहता। मुझे तो प्रत्येक शब्द और उसका भाषांतरित उच्चारण करते हुए व्याकरणसम्मत अर्थ समझाओ।"

अब नाना एक-एक शब्द का अर्थ समझाने लगे।

बाबा—"नाना, क्या केवल साष्टांग नमस्कार करना ही पर्याप्त है?"

नाना—"नमस्कार करने के अतिरिक्त मैं 'प्राणिपात' का कोई दूसरा अर्थ नहीं जानता।"

बाबा—"परिप्रश्न का क्या अर्थ है?"

नाना—"प्रश्न पूछना।"

बाबा—'प्रश्न' का क्या अर्थ है?

नाना—"वही (प्रश्न पूछना)"

बाबा—"यदि 'परिप्रश्न' और 'प्रश्न' दोनों का अर्थ एक ही है, तो

फिर व्यास ने 'परि' उपसर्ग का प्रयोग क्यों किया? क्या व्यास की बुद्धि भ्रष्ट हो गई थी?''

नाना—''मुझे तो 'परिप्रश्न' का अन्य अर्थ विदित नहीं है।''

बाबा—''सेवा?' यहाँ किस प्रकार की सेवा से आशय है?''

नाना—''वही जो हम लोग सदा आपकी करते रहते हैं।''

बाबा—''क्या यह 'सेवा' पर्याप्त है?''

नाना—''और इससे अधिक 'सेवा' का कोई विशिष्ट अर्थ मुझे ज्ञात नहीं है।''

बाबा—''दूसरी पंक्ति के 'उपदेक्ष्यन्ति ते ज्ञानं' में क्या तुम 'ज्ञान' शब्द के स्थान पर दूसरे शब्द का प्रयोग कर इसका अर्थ कह सकते हो?''

नाना—''जी हाँ।''

बाबा—''कौन सा शब्द?''

नाना—''अज्ञानम्।''

बाबा—''ज्ञान' के बजाय उस शब्द को जोड़कर क्या इस श्लोक का अर्थ निकलता है?''

नाना—''जी नहीं, शांकर भाष्य में इस प्रकार की कोई व्याख्या नहीं है।''

बाबा—''नहीं है, तो क्या हुआ? यदि 'अज्ञान' शब्द के प्रयोग से कोई उत्तम अर्थ निकल सकता है तो उसमें क्या आपत्ति है?''

नाना—''मैं नहीं जानता कि उसमें 'अज्ञान' शब्द का किस प्रकार प्रयोग होगा।''

बाबा—''कृष्ण ने अर्जुन को क्यों ज्ञानियों या तत्त्वदर्शियों को नमस्कार करने, उनसे प्रश्न पूछने और सेवा करने का उपदेश दिया था? क्या स्वयं कृष्ण तत्त्वदर्शी नहीं थे? वस्तुतः स्वयं ज्ञान स्वरूप?''

नाना—"जी हाँ, वे ज्ञानावतार थे। परंतु मुझे यह समझ में नहीं आता कि उन्होंने अर्जुन से अन्य ज्ञानियों के लिए क्यों कहा?"

बाबा—"क्या तुम्हारी समझ में नहीं आता?"

अब नाना हतप्रभ हो गए? उनका घमंड चूर हो चुका था। तब बाबा स्वयं इस प्रकार अर्थ समझाने लगे।

1. ज्ञानियों को केवल साष्टांग नमस्कार करना पर्याप्त नहीं है। हमें सद्‌गुरु के प्रति अनन्य भाव से शरणागत होना चाहिए।
2. केवल प्रश्न पूछना पर्याप्त नहीं। किसी कुवृत्ति या पाखंड या वाक्य-जाल में फँसाने, या कोई त्रुटि निकालने की भावना से प्रेरित होकर प्रश्न नहीं करना चाहिए, वरन् प्रश्न उत्सुकतापूर्वक केवल मोक्ष या आध्यात्मिक पथ पर उन्नति प्राप्त करने की भावना से ही प्रेरित होकर करना चाहिए।
3. मैं तो सेवा करने या अस्वीकार करने में पूर्ण स्वतंत्र हूँ, जो ऐसी भावना से कार्य करता है, वह सेवा नहीं कही जा सकती। उसे अनुभव करना चाहिए कि मेरा अपने शरीर पर कोई अधिकार नहीं है। इस शरीर पर तो गुरु का ही अधिकार है और केवल उनकी सेवा के निमित्त ही वह विद्यमान है। इस प्रकार आचरण करने से तुम्हें सद्‌गुरु द्वारा ज्ञान की प्राप्ति हो जाएगी, जैसाकि श्लोक में बताया गया है।

नाना को यह समझ में नहीं आ सका कि गुरु किस प्रकार 'अज्ञान' की शिक्षा देते हैं।

बाबा—"ज्ञान का उपदेश कैसा है? अर्थात् भविष्य में प्राप्त होने वाली आत्मानुभूति की शिक्षा। अज्ञान का नाश करना ही ज्ञान है।"

*

मैं तो गली-गली में रहनेवाला हूँ

चित्रकार जयकर शिरडी में नौ माह तक रहे। हर बार जो वे चित्र बनाते, बाबा उसे फाड़ देते। आखिरकार उन्होंने वह तसवीर बनाई, जो अब संग्रहालय में विद्यमान है। बाबा मुसकराकर बोले, ''बनाओ और बनाओ, मैं तो गली-गली में रहनेवाला हूँ।''

उनके शब्द सार्थक हुए, क्योंकि आज भारतवर्ष की छोटी-से-छोटी गली में बाबा का एक मंदिर है।

*

लोग यहाँ चींटियों की तरह रेंगते हुए आएँगें

महाल्सापति से बात करते हुए बाबा उन्हें अकसर शिरडी के भविष्य के बारे में बताते थे।

''अरे भगत! यह छोटा सा गाँव एक बहुत मशहूर तीर्थस्थान बन जाएगा। बड़ी महलों सी इमारतें बन जाएँगी। तीर्थयात्री दूर-दूर से यहाँ पर आएँगे। उच्च अधिकारी तथा मशहूर व्यक्ति शिरडी आएँगे। बहुत आडंबर होगा भगत! वास्तव में लोग यहाँ चींटियों की तरह रेंगते हुए आएँगे।''

और ऐसा ही हुआ। आज पूरे विश्व से लोग शिरडी आते हैं।

*

हाजी सिद्दीक फालके की कथा

यह कोई नहीं कह सकता था कि कब श्री साईंबाबा अपने भक्त को अपना कृपापात्र बना लेंगे। यह उनकी इच्छा पर निर्भर था। हाजी सिद्दीक फालके की कथा इसी का उदाहरण है। कल्याणवासी एक

यवन, जिसका नाम सिद्दीक फालके था, मक्का शरीफ हज करने के बाद शिरडी आए। बाबा ने उन्हें नौ माह तक मसजिद में प्रविष्ट होने की आज्ञा न दी और न ही मसजिद की सीढ़ी चढ़ने दी। फालके बहुत निराश हुए और कुछ निर्णय न कर सके कि कौन सा उपाय काम में लाएँ। बाबा के अंतरंग भक्त शामा ने बाबा से पूछा, ''बाबा, आप उस बूढ़े हाजी को मसजिद में किस कारण नहीं आने देते? अनेक भक्त स्वेच्छापूर्वक आपके दर्शन को आया-जाया करते हैं। कम-से-कम एक बार तो उसे आशीष दे दो।'' बाबा बोले, ''शामा, तुम अभी नादान हो। यदि फकीर (अल्लाह) नहीं आने देता है तो मैं क्या करूँ? उनकी कृपा के बिना कोई भी मसजिद की सीढ़ियाँ नहीं चढ़ सकता।'' फिर बाबा ने शामा से कहा, ''अच्छा तुम उससे पूछकर आओ कि क्या वह मुझे चार किश्तों में चालीस हजार रुपए देने को तैयार है?'' शामा उत्तर लेकर लौटे कि ''आप कहें तो मैं चालीस लाख रुपए देने को तैयार हूँ।'' बाबा ने शामा को फिर हाजी के पास भेजा, ''मैं मसजिद में एक बकरा हलाल करनेवाला हूँ, उससे पूछो कि उसे क्या रुचिकर होगा—बकरे का मांस, नाघ या अंडकोष?'' शामा यह उत्तर लेकर लौटे कि ''यदि बाबा के भोजन-पात्र में से एक ग्रास भी मिल जाए तो हाजी अपने को सौभाग्यशाली समझेगा।'' यह उत्तर पाकर बाबा उत्तेजित हो गए, सीधे हाजी के पास पहुँचे और उससे कहने लगे कि ''व्यर्थ ही नमाज क्यों पढ़ते हो? अपनी श्रेष्ठता का प्रदर्शन क्यों करते हो? यह वृद्ध हाजियों के समान वेशभूषा तुमने क्यों धारण की है? क्या तुम कुरान शरीफ का इसी प्रकार पठन करते हो? तुम्हें अपने मक्का हज का अभिमान हो गया है, परंतु तुम मुझसे अनभिज्ञ हो।'' इस प्रकार डाँट सुनकर हाजी घबरा गया। बाबा मसजिद को लौट आए और आमों की कुछ टोकरियाँ खरीदकर हाजी के पास भेज दीं। वे स्वयं भी हाजी के पास गए

और अपने पास से 55 रुपए निकालकर हाजी को दिए। इसके बाद से ही बाबा हाजी से प्रेम करने लगे तथा अपने साथ भोजन करने को बुलाने लगे। अब हाजी भी अपनी इच्छानुसार मसजिद में आने-जाने लगे। कभी-कभी बाबा उन्हें कुछ रुपए भी भेंट में दे दिया करते थे। इस प्रकार हाजी बाबा के दरबार में शामिल हो गए।

कुछ गेरू लाना, आज भगुवा वस्त्र रँगेंगे

नासिक के एक कर्मनिष्ठ, अग्निहोत्र ब्राह्मण थे, जिनका नाम मुले शास्त्री था। उन्होंने छह शास्त्रों का अध्ययन किया था और ज्योतिष शास्त्र में भी पारंगत थे। वे एक बार नागपुर के प्रसिद्ध करोड़पति श्री बापूसाहेब बूटी से भेंट करने के बाद अन्य सज्जनों के साथ बाबा के दर्शन करने मसजिद में गए। बाबा ने फल बेचनेवाले से अनेक प्रकार के फल खरीदे और मसजिद में उपस्थित लोगों में उनको वितरित कर दिया। बाबा आम को इतनी चतुराई से चारों ओर से दबा देते थे कि चूसते ही संपूर्ण रस मुँह में आ जाता तथा गुठली और छिलका तुरंत फेंक दिया जा सकता था। बाबा ने केले छीलकर भक्तों में बाँट दिए और उनके छिलके अपने लिए रख लिये। हस्तरेखा विशारद होने के नाते मुले शास्त्री ने बाबा के हाथ का परीक्षण करने की प्रार्थना की, परंतु बाबा ने उनकी प्रार्थना पर कोई ध्यान न देकर उन्हें चार केले दिए। इसके बाद सब लोग वाड़े को लौट आए। अब मुले शास्त्री ने स्नान किया और पवित्र वस्त्र धारण कर अग्निहोत्र आदि में जुट गए। बाबा भी अपने नियमानुसार लेंडी को रवाना हो गए। जाते-जाते उन्होंने कहा, ''कुछ गेरू लाना, आज भगुवा वस्त्र रँगेंगे।'' बाबा के शब्दों का अभिप्राय किसी की समझ में न आया। कुछ समय के बाद बाबा लौटे।

अब मध्याह्न वेला की आरती की तैयारियाँ प्रारंभ हो गई थीं। बापूसाहेब जोग ने मुले से आरती में साथ करने के लिए पूछा। उन्होंने उत्तर दिया कि वे संध्या समय बाबा के दर्शनों को जाएँगे। तब जोग अकेले ही चले गए। बाबा के आसन ग्रहण करते ही भक्त लोगों ने उनकी पूजा की। तब आरती प्रारंभ हो गई। बाबा ने कहा, ''उस नए ब्राह्मण से कुछ दक्षिणा लाओ।'' बूटी स्वयं दक्षिणा लेने को गए और बाबा का संदेश मुले शास्त्री को सुनाया। वे बुरी तरह घबरा गए। वे सोचने लगे कि 'मैं तो एक अग्निहोत्री ब्राह्मण हूँ, फिर मुझे दक्षिणा देना क्या उचित है? माना कि बाबा संत हैं, परंतु मैं तो उनका शिष्य नहीं हूँ।' फिर भी उन्होंने सोचा कि जब बाबा सरीखे महान् संत दक्षिणा माँग रहे हैं और बूटी सरीखे एक करोड़पति लेने को आए हैं तो वे अवहेलना कैसे कर सकते हैं? इसलिए वे अपने कृत्य को अधूरा ही छोड़कर तुरंत बूटी के साथ मसजिद को गए। वे अपने को शुद्ध और मसजिद को अपवित्र जानकर कुछ अंतर से खड़े हो गए और दूर से ही हाथ जोड़कर उन्होंने बाबा के ऊपर पुष्प फेंके। एकाएक उन्होंने देखा कि बाबा के आसन पर उनके कैलासवासी गुरु घोलप स्वामी विराजमान हैं। अपने गुरु को वहाँ देखकर उन्हें महान् आश्चर्य हुआ। कहीं यह स्वप्न तो नहीं है? नहीं! नहीं! यह स्वप्न नहीं है। मैं पूर्ण जाग्रत् हूँ, परंतु जाग्रत् होते हुए भी मेरे गुरु महाराज यहाँ कैसे आ पहुँचे? कुछ समय तक उनके मुँह से एक भी शब्द न निकला। उन्होंने अपने को चिकोटी काट ली और पुनः विचार किया, परंतु वे निर्णय न कर सके कि कैलासवासी गुरु घोलप स्वामी मसजिद में कैसे आ पहुँचे? फिर सब संदेह दूर करके वे आगे बढ़े और गुरु के चरणों पर गिर हाथ जोड़कर स्तुति करने लगे। दूसरे भक्त तो बाबा की आरती गा रहे थे, परंतु मुले शास्त्री अपने गुरु के नाम की ही गर्जना कर रहे थे। फिर सब जाति-पाँति का अहंकार तथा

पवित्रता और अपवित्रता की कल्पना त्यागकर वे गुरु के श्रीचरणों पर पुनः गिर पड़े। उन्होंने आँखें मूँद लीं, परंतु खड़े होकर जब उन्होंने आँखें खोलीं तो बाबा को दक्षिणा माँगते हुए देखा। बाबा का आनंदस्वरूप और उनकी अनिर्वचनीय शक्ति देख मुले शास्त्री आत्मविस्मृत हो गए। उनके हर्ष का पारावार न रहा। उनकी आँखें अश्रुपूरित होते हुए प्रसन्नता से नाच रही थीं। उन्होंने बाबा को पुनः नमस्कार किया और दक्षिणा दी। मुले शास्त्री कहने लगे, "मेरे सब संशय दूर हो गए। आज मुझे अपने गुरु के दर्शन हुए।" बाबा की यह अद्‍भुत लीला देखकर सब भक्त और मुले शास्त्री द्रवित हो गए। 'गेरू लाओ, आज भगुवा वस्त्र रँगेंगे'—बाबा के इन शब्दों का अर्थ अब सबकी समझ में आ गया।

एक डॉक्टर की कथा

एक समय एक मामलतदार अपने एक डॉक्टर मित्र के साथ शिरडी पधारे। डॉक्टर का कहना था कि मेरे इष्ट श्रीराम हैं। मैं किसी यवन को मस्तक न नमाऊँगा। अतः वे शिरडी जाने में असहमत थे। मामलतदार ने समझाया कि तुम्हें नमन करने के लिए कोई बाध्य नहीं करेगा। मेरे साथ चलो आनंद रहेगा। वे शिरडी पहुँचे और बाबा के दर्शन को गए, परंतु डॉक्टर को ही सबसे आगे जाते देख और बाबा की प्रथम चरण-वंदना करते देख सबको बड़ा विस्मय हुआ। लोगों ने डॉक्टर से अपना निश्चय बदलने और इस भाँति एक यवन को दंडवत् करने का कारण पूछा। डॉक्टर ने बतलाता कि बाबा के स्थान पर उन्हें अपने प्रिय इष्टदेव के दर्शन हुए, इसलिए उन्होंने नमस्कार किया। जब वे ऐसा कह ही रहे थे, तभी उन्हें साईंबाबा का रूप पुनः दिखने लगा। वे आश्चर्यचकित होकर बोले, "क्या यह स्वप्न है? ये यवन कैसे हो

सकते हैं ? अरे! अरे! यह तो पूर्ण योग-अवतार हैं।'' दूसरे दिन से उन्होंने उपवास शुरू कर दिया। उन्होंने प्रतिज्ञा की कि जब तक बाबा स्वयं बुलाकर आशीर्वाद नहीं देंगे, तब तक मसजिद में कदापि न जाऊँगा। इस प्रकार तीन दिन व्यतीत हो गए। चौथे दिन उनका एक इष्ट मित्र खानदेश से शिरडी आया। वे दोनों मसजिद में बाबा के दर्शन करने गए। नमस्कार होने के बाद बाबा ने डॉक्टर से पूछा, "आपको बुलाने का कष्ट किसने किया? आप यहाँ कैसे पधारे ?'' यह प्रश्न सुनकर डॉक्टर द्रवित हो गए और उसी रात्रि को बाबा ने उनपर कृपा की। डॉक्टर को निद्रा में ही परमानंद का अनुभव हुआ। वे अपने शहर लौट आए तो भी उन्हें 15 दिनों तक वैसा ही अनुभव होता रहा। इस प्रकार उनकी साईं भक्ति कई गुणा बढ़ गई।

अमीर शक्कर के प्राणों की रक्षा

अमीर शक्कर कोरले गाँव का निवासी था, जो कोपरगाँव तालुके में है। वह जाति का कसाई था और बांद्रा में दलाली का धंधा किया करता था। वह प्रसिद्ध व्यक्तियों में से एक था। एक बार वह गठिया रोग से अधिक कष्ट पा रहा था। जब उसे खुदा की स्मृति आई, तब काम-धंधा छोड़कर वह शिरडी आया और बाबा से रोग-निवृत्ति की प्रार्थना करने लगा। तब बाबा ने उसे चावड़ी में रहने की आज्ञा दे दी। चावड़ी उस समय एक अस्वास्थ्यकारक स्थान होने के कारण इस प्रकार के रोगियों के लिए सर्वथा अयोग्य थी। गाँव का अन्य कोई भी स्थान उसके लिए बेहतर होता, परंतु बाबा के शब्द तो निर्णयात्मक तथा मुख्य ओषधिस्वरूप थे। बाबा ने उसे मसजिद में न आने दिया और चावड़ी में ही रहने की आज्ञा दी। वहाँ उसे बहुत लाभ हुआ। बाबा प्रातः

और सायंकाल चावड़ी से निकलते थे तथा एक दिन के अंतर से जुलूस के साथ वहाँ आते और वहीं विश्राम किया करते थे। इसलिए अमीर को बाबा का सान्निध्य सरलतापूर्वक प्राप्त हो जाया करता था। अमीर वहाँ पूरे नौ मास रहा। जब किसी अन्य कारणवश उसका मन उस स्थान से ऊब गया, तब एक रात्रि में वह चोरी से उस स्थान को छोड़कर कोपरगाँव की धर्मशाला में जा ठहरा। वहाँ पहुँचकर उसने वहाँ एक फकीर को मरते हुए देखा, जो पानी माँग रहा था। अमीर ने उसे पानी दिया, जिसे पीते ही उसका देहांत हो गया। अब अमीर किंकर्तव्यविमूढ़ हो गया। उसे विचार आया कि अधिकारियों को इसकी सूचना दे दूँ तो मैं ही मृत्यु के लिए उत्तरदायी ठहराया जाऊँगा। तब बिना आज्ञा शिरडी छोड़ने की उतावली पर उसे बड़ा पश्चात्ताप हुआ। उसने बाबा से मन-ही-मन प्रार्थना की और शिरडी लौटने का निश्चय कर उसी रात्रि बाबा का नाम लेते हुए पौ फटने से पूर्व ही शिरडी वापस पहुँचकर चिंतामुक्त हो गया। फिर वह चावड़ी में बाबा की इच्छा और आज्ञानुसार ही रहने लगा और शीघ्र ही रोगमुक्त हो गया।

एक समय ऐसा हुआ कि अर्ध रात्रि को बाबा ने जोर से पुकारा, "ओ अब्दुल! कोई दुष्ट प्राणी मेरे बिस्तर पर चढ़ रहा है।" अब्दुल ने लालटेन लेकर बाबा का बिस्तर देखा, परंतु वहाँ कुछ भी न दिखा। बाबा ने ध्यानपूर्वक सारे स्थान का निरीक्षण करने को कहा और वे अपना सटका भी जमीन पर पटकने लगे। बाबा की यह लीला देखकर अमीर ने सोचा कि हो सकता है कि बाबा को किसी साँप के आने की शंका हुई हो।

दीर्घकाल तक बाबा की संगति में रहने के कारण अमीर कों उनके शब्दों और कार्यों का अर्थ समझ में आ गया था। उन्होंने अपने बिस्तर के पास कुछ रेंगता हुआ देखा, तब उन्होंने अब्दुल से बत्ती मँगवाई और

एक साँप को कुंडली मारे हुए वहाँ बैठे देखा, जो अपना फन हिला रहा था। फिर वह साँप तुरंत ही मार डाला गया। इस प्रकार बाबा ने सामयिक सूचना देकर अमीर के प्राणों की रक्षा की।

72 घंटे की समाधि

अपने निर्वाण से 32 वर्ष पूर्व भी बाबा ने अपनी जीवन-रेखा पार करने का एक प्रयास किया था। 1886 में मार्गशीर्ष पूर्णिमा के दिन बाबा को दमा से अधिक पीड़ा हुई और इस व्याधि से छुटकारा पाने के लिए उन्होंने अपने प्राण ब्रह्मांड में चढ़ाकर समाधि लगाने का विचार किया। अतएव उन्होंने भगत महाल्सापति से कहा कि "तुम मेरे शरीर की तीन दिन तक रक्षा करना और यदि मैं वापिस लौट आया तो ठीक है, नहीं तो उस स्थान (एक स्थान को इंगित करते हुए) पर मेरी समाधि बना देना और दो ध्वजाएँ चिह्न स्वरूप फहरा देना।" ऐसा कहकर बाबा रात में लगभग दस बजे पृथ्वी पर लेट गए। उनका श्वासोच्छ्वास बंद हो गया और ऐसा दिखाई देने लगा कि जैसे उनके शरीर में प्राण ही न हों। सभी लोग, जिनमें ग्रामवासी भी थे, वहाँ एकत्र हुए और शरीर परीक्षण के पश्चात् शरीर को उनके द्वारा बताए हुए स्थान पर समाधिस्थ कर देने का निश्चय करने लगे, परंतु भगत महाल्सापति ने उन्हें ऐसा करने से रोका और उनकी शरीर को अपनी गोद में रखकर वे तीन दिन तक उसकी रक्षा करते रहे। तीन दिन व्यतीत होने पर रात लगभग तीन बजे प्राण लौटने के चिह्न दिखलाई पड़ने लगे। श्वासोच्छ्वास पुनः चालू हो गया और उनके अंग-प्रत्यंग हिलने-डुलने लगे। उन्होंने नेत्र खोल दिए और करवट लेते हुए पुनः चेतना में आ गए। इस घटना से यह सिद्ध होता है कि बाबा स्वयं आत्मज्योति स्वरूप थे। अपना अवतार कार्य करने के

लिए ही उन्होंने देह-धारण की थी और वह कार्य पूर्ण होने पर उन्होंने उसे त्यागकर पुनः अपना शाश्वत और अनंत स्वरूप धारण कर लिया।

बाबा की महानता

बंबई के हरि कानोबा नामक एक महानुभाव ने अपने कई मित्रों और संबंधियों से साईंबाबा की अनेक लीलाएँ सुनी थीं, परंतु उन्हें विश्वास ही न होता था, क्योंकि वे संशयालु प्रकृति के व्यक्ति थे। अविश्वास उनके हृदयपटल पर अपना आसन जमाए हुए था। वे स्वयं बाबा की परीक्षा करने का निश्चय करके अपने कुछ मित्रों सहित बंबई से शिरडी आए। उन्होंने सिर पर एक जरी की पगड़ी और पैरों में नए सैंडिल पहन रखे थे। उन्होंने बाबा को दूर से देखकर उनके पास जाकर उन्हें प्रणाम तो करना चाहा, परंतु उनके नए सैंडिल इस कार्य में बाधक बन गए। उनकी समझ में नहीं आ रहा था कि अब क्या किया जाए। तब उन्होंने अपने सैंडिल मंडप के एक सुरक्षित कोने में रखे और मसजिद में जाकर बाबा के दर्शन किए। उनका ध्यान सैंडिलों पर ही लगा रहा। उन्होंने बड़ी नम्रतापूर्वक बाबा को प्रणाम किया और उनसे प्रसाद और ऊदी प्राप्त कर लौट आए। पर जब उन्होंने कोने में दृष्टि डाली तो सैंडिल गायब हो चुके हैं। पर्याप्त छानबीन भी व्यर्थ हुई और अंत में निराश होकर वे अपने स्थान पर वापस आ गए।

स्नान, पूजन और नैवेद्य आदि अर्पित करके वे भोजन करने को तो बैठे, परंतु पूरे समय उन सैंडिलों के चिंतन में ही निमग्न रहे। भोजन कर मुँह-हाथ धोकर जब वे बाहर आए तो उन्होंने एक मराठा बालक को अपनी ओर आते देखा, जिसके हाथ में डंडे के कोने पर नए सैंडिलों का जोड़ा लटका हुआ था। उस बालक ने हाथ धोने के लिए बाहर आनेवाले

लोगों से कहा कि बाबा ने मुझे यह डंडा हाथ में देकर रास्ते में घूम-घूमकर 'हरि का बेटा जरी को फेंटा' की पुकार लगाने को कहा है तथा जो कोई कहे कि सैंडिल हमारे हैं, उससे पहले पूछना कि क्या उसका नाम हरि और उसके पिता का नाम 'क' (अर्थात् कानोबा) से है? साथ ही यह भी देखना कि वह जरीदार साफा बाँधे हुए है या नहीं, तब इन्हें उसे दे देना। बालक का कथन सुनकर हरि कानोबा को बेहद आनंद व आश्चर्य हुआ। उन्होंने आगे बढ़कर बालक से कहा, ''ये हमारे ही सैंडिल हैं, मेरा ही नाम हरि और मैं ही 'क' (कानोबा) का पुत्र हूँ। यह मेरा जरी का साफा देखो।'' बालक संतुष्ट हो गया और सैंडिल उन्हें दे दीं। उन्होंने सोचा कि मेरी जरीदार पगड़ी तो सबको ही दिख रही थी। हो सकता है कि बाबा की भी दृष्टि में आ गई हो, परंतु यह मेरी शिरडी यात्रा का प्रथम अवसर है, फिर बाबा को यह कैसे विदित हो गया कि मेरा ही नाम हरि है और मेरे पिता का कानोबा? वह तो केवल बाबा की परीक्षार्थ वहाँ आया था। उसे इस घटना से बाबा की महानता विदित हो गई। उसकी इच्छा पूर्ण हो गई और वह सहर्ष घर लौट गया।

इंद्रियों को अपना कार्य करने दो

एक समय जब नाना साहेब, महाल्सापति और अन्य लोगों के साथ मसजिद में बैठे हुए थे तो बीजापुर से एक संभ्रांत यवन परिवार साईंबाबा के दर्शनार्थ आया। कुलवंतियों की लाजरक्षण भावना देखकर नाना साहेब वहाँ से निकल जाना चाहते थे, परंतु बाबा ने उन्हें रोक लिया। स्त्रियाँ आगे बढ़ीं, उन्होंने बाबा के दर्शन किए। उनमें से एक महिला ने अपने मुँह पर से घूँघट हटाकर बाबा के चरणों में प्रणाम कर फिर घूँघट डाल लिया। नाना साहेब उसके सौंदर्य से आकर्षित हो गए

और एक बार पुन: वह छवि देखने को लालायित हो उठे। नाना के मन की व्यथा जानकर उन लोगों के चले जाने के पश्चात् बाबा उनसे कहने लगे, "नाना, क्यों व्यर्थ में मोहित हो रहे हो? इंद्रियों को अपना कार्य करने दो। हमें उनके कार्य में बाधक न होना चाहिए। भगवान् ने यह सुंदर सृष्टि निर्माण की है। अत: हमारा कर्तव्य है कि हम उसके सौंदर्य की सराहना करें। यह मन तो क्रमश: ही स्थिर होता है, और जब सामने का द्वार खुला है, तब हमें पिछले द्वार से क्यों प्रविष्ट होना? चित्त शुद्ध होते ही फिर किसी कष्ट का अनुभव नहीं होता। यदि हमारे मन में कुविचार नहीं है तो हमें किसी से भयभीत होने की आवश्यकता नहीं। नेत्रों को अपना कार्य करने दो। इसके लिए तुम्हें लज्जित तथा विचलित न होना चाहिए।"

बाबा का विनोद

अण्णा चिंचणीकर बाबा के भक्त थे। वे सरल, सुदृढ और निर्भीक प्रकृति के व्यक्ति थे। वे निडरतापूर्वक स्पष्ट भाषण करते और व्यवहार में सदैव नकद नारायण से थे। यद्यपि व्यावहारिक दृष्टि से वे रूखे और असहिष्णु प्रतीत होते थे, परंतु अंत:करण से कपटहीन और व्यवहार-कुशल थे। इसी कारण बाबा उन्हें विशेष प्रेम करते थे। सभी भक्त अपनी-अपनी इच्छानुसार बाबा के अंग-अंग को दबा रहे थे। बाबा का हाथ कठड़े पर रखा हुआ था। दूसरी ओर एक वृद्ध विधवा उनकी सेवा कर रही थीं, जिनका नाम वेणुभाई कौजलकी था। बाबा उन्हें 'माँ' शब्द से संबोधित करते तथा अन्य लोग उन्हें मौसीबाई कहते थे। वे एक शुद्ध हृदय की वृद्ध महिला थीं। वे उस समय दोनों हाथों की अंगुलियाँ मिलाकर बाबा के शरीर को मसल रही थीं। जब वे बलपूर्वक उनका

पेट दबातीं तो पेट और पीठ का प्राय: एकीकरण हो जाता था। बाबा भी इस दबाव के कारण यहाँ-वहाँ सरक रहे थे। अण्णा दूसरी ओर सेवा में व्यस्त थे। मौसीबाई का सिर हाथों की परिचालन क्रिया के साथ नीचे-ऊपर हो रहा था। जब इस प्रकार दोनों सेवा में जुटे थे तो अनायास ही मौसीबाई का मुख अण्णा के अति निकट आ गया। मौसीबाई विनोदी प्रकृति की होने के कारण ताना देकर बोलीं कि "यह अण्णा बहुत बुरा व्यक्ति है, मेरा चुंबन करना चाहता है। इसके केश तो पक गए हैं, परंतु मेरा चुंबन करने में इसे तनिक भी लज्जा नहीं आती है।" यह सुनकर अण्णा क्रोधित होकर बोले, "तुम कहती हो कि मैं एक वृद्ध और बुरा व्यक्ति हूँ। क्या मैं मूर्ख हूँ? तुम खुद ही छेड़खानी करके मुझसे झगड़ा कर रही हो?" वहाँ उपस्थित सब लोग इस विवाद का आनंद ले रहे थे। बाबा का स्नेह तो दोनों पर था, इसलिए उन्होंने कुशलतापूर्वक विवाद का निपटारा कर दिया। वे प्रेमपूर्वक बोले, "अरे अण्णा, व्यर्थ ही क्यों झगड़ रहे हो? मेरी समझ में नहीं आता कि माँ का चुंबन करने में दोष ही क्या है?"

बाबा के शब्दों को सुनकर दोनों शांत हो गए और सब उपस्थित लोग जी भरकर ठहाका मारकर बाबा के विनोद का आनंद लेने लगे।

*

बाबा की अद्वितीय शिक्षा पद्धति

एक समय श्री दासगणु ने ईशोपनिषद् पर टीका लिखना प्रारंभ किया। दासगणु ने ओवी छंदों में अनुवाद तो किया, परंतु उसके सारतत्त्व को ग्रहण न कर सकने के कारण उन्हें अपने कार्य से संतोष न हुआ। इस प्रकार असंतुष्ट होकर उन्होंने कई अन्य विद्वानों से शंका-निवारणार्थ परामर्श और वाद-विवाद भी किया, परंतु समस्या पूर्ववत् जटिल ही बनी

रही और संतोषजनक भावार्थ करने में कोई भी सफल न हो सका।

जब कोई भी उनकी शंका का निवारण न कर सका तो उन्होंने शिरडी जाकर बाबा के दर्शन करने का निश्चय किया। जब उन्हें शिरडी जाने का शुभ अवसर प्राप्त हुआ तो उन्होंने बाबा से भेंट की और चरण-वंदना करने के पश्चात् उपनिषद् में आई हुई कठिनाइयाँ उनके समक्ष रखकर उनसे हल करने की प्रार्थना की। श्री साईंबाबा ने आशीर्वाद देकर कहा कि "चिंता करने की कोई आवश्यकता नहीं। उसमें कठिनाई ही क्या है? जब तुम लौटोगे तो विलेपार्ला में काका दीक्षित की नौकरानी तुम्हारी शंका का निवारण कर देगी।" उपस्थित लोगों ने जब ये वचन सुने तो वे सोचने लगे कि बाबा केवल विनोद ही कर रहे हैं और कहने लगे कि क्या एक अशिक्षित नौकरानी भी ऐसी जटिल समस्या हल कर सकती है? परंतु दासगणु को तो पूर्ण विश्वास था कि बाबा के वचन कभी असत्य नहीं हो सकते, क्योंकि बाबा के वचन तो साक्षात् ब्रह्मवाक्य ही हैं।

बाबा के वचनों में पूर्ण विश्वास कर वे शिरडी से विलेपार्ला (बंबई के उपनगर) में पहुँचकर काका दीक्षित के यहाँ ठहरे। दूसरे दिन दासगणु सुबह की मीठी नींद का आनंद ले रहे थे, तभी उन्हें एक निर्धन बालिका के सुंदर गीत का स्पष्ट और मधुर स्वर सुनाई पड़ा। गीत का मुख्य विषय था—

एक लाल रंग की साड़ी वह कितनी सुंदर थी, उसका जरी का आँचल कितना बढ़िया था, उसके छोर और किनारे कितने सुंदर थे, इत्यादि। उन्हें वह गीत अति रुचिकर प्रतीत हुआ। इस कारण उन्होंने बाहर आकर देखा कि यह गीत एक बालिका नाम्या की बहन, जो काकासाहेब दीक्षित की नौकरानी है, गा रही है। बालिका बरतन माँज रही थी और केवल एक फटे कपड़े से तन ढके हुए थी। इतनी दरिद्र

परिस्थिति में भी उसकी प्रसन्न-मुद्रा देखकर श्री दासगणु को दया आ गई और दूसरे दिन दासगणु ने एम.व्ही. प्रधान से उसे निर्धन बालिका को एक उत्तम साड़ी देने की प्रार्थना की। जब एम.व्ही. प्रधान ने उस बालिका को एक धोती का जोड़ा दिया, तब एक क्षुधापीड़ित व्यक्ति को जैसे भागयवश मधुर भोजन प्राप्त होने पर प्रसन्नता होती है, वैसे ही उसकी प्रसन्नता का पारावार न रहा। दूसरे दिन उसने नई साड़ी पहनी और अत्यंत हर्षित होकर नाचने-कूदने लगी एवं अन्य बालिकाओं के साथ वह फुगड़ी खेलने में मगन रही। अगले दिन उसने नई साड़ी सँभालकर संदूक में रख दी और पूर्ववत् फटे-पुराने कपड़े पहनकर आई, फिर भी पिछले दिन के समान ही प्रसन्न दिखाई दी। यह देखकर श्री दासगणु की दया आश्चर्य में परिणत हो गई। उनकी ऐसी धारणा थी कि निर्धन होने के ही कारण उसे फटे-चिथड़े कपड़े पहनने पड़ते हैं, परंतु अब तो उसके पास नई साड़ी थी, जिसे उसने सँभालकर रख लिया और फटे कपड़े पहनकर भी उसी गर्व और आनंद का अनुभव करती रही। उसके मुख पर दुःख या निराशा का कोई निशान नहीं रहा। इस प्रकार उन्हें अनुभव हुआ कि दुःख और सुख का अनुभव केवल मानसिक स्थिति पर निर्भर है। इस घटना पर गूढ़ विचार करने के पश्चात् वे इस निष्कर्ष पर पहुँचे कि भगवान् ने जो कुछ दिया है, उसी में समाधान वृत्ति रखनी चाहिए और यह निश्चयपूर्वक समझना चाहिए कि वह सब चराचर में व्याप्त है, और जो भी स्थिति उसकी दया से प्राप्त है, वह अपने लिए अवश्य ही लाभप्रद होगी। इस विशिष्ट घटना में बालिका की निर्धनावस्था, उसके फटे-पुराने कपड़े और नई साड़ी देनेवाला तथा उसकी स्वीकृति देनेवाला, ये सब ईश्वर द्वारा ही प्रेरित था। श्री दासगणु को उपनिषद् के पाठ की प्रत्यक्ष शिक्षा मिल गई, अर्थात् जो कुछ अपने पास है, उसी में समाधान-वृत्ति माननी चाहिए।

सार यह है कि जो कुछ होता है, सब उसी की इच्छा से नियंत्रित है, अतः उसी में संतुष्ट रहने में हमारा कल्याण है।

सीमोल्लंघन

15 अक्तूबर, 1918 को दशहरे के दिन 2 बजकर 30 मिनट पर उन्होंने अपना शरीर त्याग दिया। इसके दो वर्ष पूर्व ही बाबा ने अपने निर्वाण के दिन का संकेत कर दिया था, परंतु उस समय कोई भी समझ नहीं सका। घटना इस प्रकार है। विजयदशमी के दिन जब लोग संध्या के समय 'सीमाल्लंघन' से लौट रहे थे तो बाबा सहसा ही क्रोधित हो गए। सिर का कपड़ा, कफनी और लँगोटी निकालकर उन्होंने उसके टुकड़े-टुकड़े करके जलती हुई धूनी में फेंक दिए। बाबा के द्वारा आहुति प्राप्त कर धूनी द्विगुणित प्रज्वलित होकर चमकने लगी और उससे भी कहीं अधिक बाबा के मुखमंडल की कांति चमक रही थी। वे पूर्ण दिगंबर खड़े थे और उनकी आँखें अंगारे के समान चमक रही थीं। उन्होंने आवेश में आकर उच्च स्वर में कहा, "लोगो! यहाँ आओ, मुझे देखकर पूर्ण निश्चय कर लो कि मैं हिंदू हूँ या मुसलमान?"

सभी भय से काँप रहे थे। किसी को भी उनके समीप जाने का साहस न हो रहा था। कुछ समय बीतने के पश्चात् उनके भक्त भागोजी शिंदे, जो महारोग से पीड़ित थे, साहस कर बाबा के समीप गए और किसी प्रकार उन्होंने उन्हें लँगोटी बाँध दी और उनसे कहा, "बाबा! यह क्या बात है? देव! आज दशहरा (सीमोल्लंघन) का त्योहार है।" तब उन्होंने जमीन पर सटका पटकते हुए कहा, "यह मेरा सीमोल्लंघन है।" लगभग 11 बजे तक भी उनका क्रोध शांत न हुआ और भक्तों को चावड़ी जुलूस निकालने में संदेह होने लगा। एक घंटे के पश्चात् वे

अपनी सहज स्थिति में आ गए और सदा की भाँति पोशाक पहनकर चावड़ी जुलूस में सम्मिलित हो गए। इस घटना द्वारा बाबा ने इंगित किया कि जीवन-रेखा पार करने के लिए दशहरा ही उचित समय है।

बाबा के अंतिम शब्द

'बूटी साहेब' और 'शामा' दोनों को एक ही समय स्वप्न में बाबा ने कहा, "मंदिर के साथ वाड़ा बनवाओ। मैं समस्त भक्तों की इच्छाएँ पूरी करूँगा।" बाबा से आज्ञा लेकर बूटी साहेब ने वाड़े का निर्माण आरंभ कर दिया। मंदिर में मुरलीधर की मूर्ति स्थापित करने का निश्चय किया गया। बाबा ने कहा, " मंदिर का कार्य पूर्ण हो जाएगा, तब मैं स्वयं वहाँ निवास करूँगा। जब वाड़ा पूर्ण बन जाएगा, तब हम सब लोग उसका उपभोग करेंगे। वहीं रहेंगे, घूमेंगे, फिरेंगे और एक-दूसरे को हृदय से लगाएँगे तथा आनंदपूर्वक विचरेंगे।" अभी मुरलीधर की मूर्ति का निर्माण कार्य आरंभ भी न हो पाया था कि बाबा की स्थिति चिंताजनक हो गई। 28 सितंबर, 1918 को बाबा को साधारण सा ज्वर आया। यह ज्वर 2-3 दिन तक रहा। इसके उपरांत ही बाबा ने भोजन करना बिल्कुल त्याग दिया। इससे उनका शरीर दिन-प्रतिदिन क्षीण एवं दुर्बल होने लगा। 17 दिनों के पश्चात् अर्थात् 15 अक्तूबर, 1918 को 2 बजकर 30 मिनट पर उन्होंने अपना शरीर त्याग दिया। शरीर त्यागने से पहले बाबा ने लक्ष्मीबाई शिंदे को 9 रुपए दिए और कहा, "मुझे मसजिद में अब अच्छा नहीं लगता है, इसलिए मुझे बूटी के पत्थर वाड़े में ले चलो, जहाँ मैं सुखपूर्वक रहूँगा।" ये ही अंतिम शब्द उनके श्रीमुख से निकले। इसी समय बाबा बयाजी के शरीर की ओर झुक गए

और अंतिम श्वास छोड़ दी।

अब समस्या उत्पन्न हुई कि बाबा की अंतिम क्रिया किस प्रकार की जाए? मुसलिम विधि से या हिंदू विधि से? लगभग 36 घंटों तक वाद-विवाद चलने के बाद बाबा के अंतिम श्री वचनों को आदरपूर्वक स्वीकार करके लोगों ने उनके शरीर को बूटी वाड़े में ही रखने का निश्चय किया। अतः बुधवार की संध्या को बाबा का पवित्र शरीर बड़ी धूमधाम और समारोह के साथ वाड़े में लाया गया और विधिपूर्वक उस स्थान पर समाधि बना दी गई, जहाँ 'मुरलीधर' की मूर्ति स्थापित होने को थी। सच तो यह है कि बाबा 'मुरलीधर' बन गए और वाड़ा समाधिमंदिर बन गया।

*

बाबा के ग्यारह वचन

1. शिरडी की पावन भूमि पर पाँव रखेगा जो भी कोई।
   तत्क्षण उसके मिट जाएँगे सभी कष्ट जो भी कोई॥

2. समाधि की सीढ़ी चढ़ेगा जो मेरी।
   मिटें दु:ख, दरिद्र और चिंताएँ सारी॥

3. गया छोड़ इस देह को फिर भी।
   दौड़ूँगा निजभक्त के हेतु फिर भी॥

4. मनोकामना सिद्धिदा ये मेरी समाधि।
   रखो इस पर विश्वास और दृढ़ बुद्धि॥

5. नित्य हूँ जीवित मैं, ये है अक्षरशः सत्य।
   नित्य लो प्रतीति, निज स्वानुभव॥

6. मेरी शरण में आके कोई गया हो खाली।
ऐसा मुझे बता दो, कोई एक भी सवाली॥

7. भजेगा जो मुझको जिस भाव से।
पाऊँगा उसको मैं उस भाव से॥

8. तुम्हारा ये सब भार ढोऊँगा मैं।
नहीं इसमें संशय, ये वचन सत्य मेरा॥

9. मिलेगी मदद यहाँ सबको ही जानो।
मिलेगी वही उसको जो भी माँगे॥

10. हो गया मेरा ही जो तन-मन वचन से।
ऋणी हूँ मैं उसका सदा-सर्वदा ही॥

11. कहे साईं वो ही हुआ धन्य-धन्य।
हुआ जो अनन्य मुझसे अभिन्न॥

□

साईं बाबा की आरतियाँ

काकड आरती

उठा उठा (भूपाळी) (श्री कृ.जा. भीष्म)

उठा उठा श्री साईंनाथ गुरु चरणकमल दावा।
आधि-व्याधि भवताप वारुनी तारा जडजीवा॥ धृ.॥

हे श्री गुरु साईंनाथ, उठिए, हमें अपने चरण-कमलों के दर्शन दीजिए। हमारे समस्त मानसिक व शारीरिक कष्टों और सांसारिक क्लेशों का हरण करके हम देहधारी जीवों का तारण करिए।

गेली तुम्हां सोडूनिया भवतमरजनी विलया।
परि ही अज्ञानासी तुमची भुलवि योगमाया॥

सांसारिक अज्ञानरूपी अंधकार आपको छोड़ चुका है, परंतु हम अज्ञानी लोगों को आपकी योगमाया भ्रम में डाल रही है।

शक्ति न आम्हां यत्किंचितही तिजला साराया।
तुम्हीच तीते सारूनि दावा मुख जन ताराया॥ चा.॥

हममें इस माया को दूर करने की किंचित् भी क्षमता नहीं, इसीलिए आप इस माया के परदे को हटाकर लोगों को तारने के लिए अपना मुखदर्शन दीजिए।

भो साईंनाथ महाराज भवतिमिरनाशक रवी।
अज्ञानी आम्ही किती तुम्हीच तव वर्णावी थोरवी।
ती वर्णिता भागले बहुवदनि शेष विधि कवी ॥ चा. ॥

हे साईंनाथ महाराज, आप इस संसार के अंधकार को नष्ट करनेवाले सूर्य हैं। हम अज्ञानी हैं, हम आपकी महिमा का क्या बखान करें। अनेक शीर्षवाले आदिशेष, ब्रह्मा और प्रशस्त कवि भी जिसका बखान करते थक गए हैं।

सकृप होउनि तुमचा तुम्हीच वदवावा ॥ 1 ॥
आधि-व्याधि "उठा उठा"

कृपा करके आप ही अपनी महिमा का बखान हमसे करवा लीजिए।

भक्त मनी सद्भाव धरुनि जे तुम्हां अनुसरले।
ध्यायास्तव ते दर्शन तुमचे द्वारि उभे ठेले ॥

अपने मन में सद्भाव लेकर जिन भक्तों ने आपका अनुसरण किया, वे भक्तजन दर्शन पाने हेतु आपके द्वार पर खड़े हैं।

ध्यानस्था तुम्हांस पाहूनी मन अमुचे धाले।
परि त्वद्वचनामृत प्राशायाते आतुर झाले ॥ चा. ॥

हम आपको ध्यान में स्थित पाकर आनंद-विभोर हैं, परंतु आपके वचनों का अमृत पीने के लिए आतुर भी हैं।

उघडूनी नेत्रकमला दीनबन्धु रमाकांता।
पाही बा कृपादृष्टी बालका जशी माता।
रंजवी मधुरवाणी हरी ताप साईंनाथ ॥ चा. ॥

हे दीनों के बंधु, रमाकांत अपने नेत्रकमल खोलकर हम पर वैसी

ही कृपादृष्टि डालिए, जैसी माँ अपने बच्चे को देती है। हे साईंनाथ, आपकी मधुर वाणी हमें आनंद-विभोर करती है और हमारे समस्त कष्ट व संताप हर लेती है।

आम्हीच अपुले काजास्तव तुज कष्टवितो देवा।
सहन करिशिल ते ऐकुनि द्यावी भेट कृष्ण धावा ॥ 2 ॥
आधि-व्याधि"उठा उठा"

हे देव, हम अपनी परेशानियों से आपको बहुत कष्ट पहुँचाते हैं, फिर भी उन्हें सुनते ही वे सारे कष्ट सहकर आप दौड़कर आइए, ऐसी कृष्ण (कृ.जा. भीष्म—रचनाकार) की आपसे विनती है।

हे श्री गुरु साईंनाथ उठिए"

❖

रहम नजर (पद) (संतकवि दासगणू)

साईं रहम नजर करना, बच्चों का पालन करना ॥ धृ. ॥

हे साईं, हम पर अपनी दया-दृष्टि रखना और हम बच्चों का पालन करना।

जाना तुमने जगत्पसारा, सबही झूठ जमाना
॥ साईं रहम" ॥ 1 ॥

हमने यह जान लिया कि आपसे ही यह जगत् फैला हुआ है बाकी सबकुछ छलावा है।

मैं अंधा हूँ बंदा आपका, मुझको प्रभु दिखलाना
॥ साईं रहम" ॥ 2 ॥

मैं आपका सेवक, अज्ञान से अंधा हूँ, मुझे ईश्वर की राह दिखलाना।

दास गनू कहे अब क्या बोलूँ, थक गई मेरी रसना

॥ साईं रहम" ॥ 3 ॥

दासगणू कहते हैं, 'अब मैं आपकी महिमा और क्या कहूँ, मेरी तो वाणी भी थक गई है।'

❖

रहम नजर (पद) (संतकवि दासगणू)

रहम नजर करो, अब मोरे साईं,

तुम बिन नहीं मुझे माँ-बाप-भाई ॥ धृ. ॥

हे साईं! अब मुझ पर अपनी दया-दृष्टि डालिए,
आपके सिवाय और कोई मेरे माँ, पिता या भाई नहीं हैं।

मैं अंधा हूँ बंदा तुम्हारा।

मैं ना जानूँ अल्ला-इलाही ॥ रहम नजर" ॥ 1 ॥

मैं तो आपका अज्ञानी सेवक हूँ,
मैं अल्ला-इलाही को क्या जानूँ।

खाली जमाना मैंने गमाया।

साथी आखर का किया न कोई ॥ रहम नजर" ॥ 2 ॥

मैंने इस जीवन में अपना समय व्यर्थ ही गँवाया और जो आखिर तक साथ दे, ऐसा कोई साथी (सद्गुरु) नहीं किया।

अपने मशीद का झाड़ू गणू है।

मालिक हमारे तुम बाबा साईं ॥ रहम नजर" ॥ 3 ॥

दासगणू तो अपनी मसजिद (द्वारकामाई) का झाड़ू है। हे बाबा साईं, आप ही हमारे मालिक हैं। रहम नजर करिए"

❖

मध्याह्न आरती

आरती साईंबाबा (श्री माधवराव आडकर)

आरती साईंबाबा। सौख्यदातार जीवा। चरणरजातली
द्यावा दासा विसावा, भक्ता विसावा॥ आ... ॥ धृ. ॥

हम साईंबाबा की आरती करें, जो सभी जीवों को सुख देनेवाले हैं। हे बाबा, हम दासों और भक्तों को आप अपनी चरण धूलि का आश्रय दीजिए। हम साईंबाबा की आरती··· ।

जाळुनिया अनंग। स्वस्वरूपी राहे दंग।
मुमुक्षुजन दावी। निज डोळा श्रीरंग॥ 1 ॥ आ··· ॥

काम और इच्छाओं को जलाकर आप आत्मरूप में लीन हैं। हे साईं, मुमुक्षुजनों अर्थात् मुक्ति की कामना करनेवाले अपने नेत्रों से आपके श्रीरंग स्वरूप का दर्शन करें अर्थात् आप उन्हें आत्म साक्षात्कार दीजिए। हम साईंबाबा की आरती··· ।

जया मनी जैसा भाव। तया तैसा अनुभव।
दाविसी दयाघना। ऐसी तुझी ही माव॥ 2 ॥ आ··· ॥

जिसके मन में जैसा भाव हो, उसे आप वैसा ही अनुभव देते हैं। हे दयाघन साईं, आपकी ऐसी ही माया है। हम साईंबाबा की आरती··· ।

तुमचे नाम ध्याता। हरे संसृतिव्यथा।
अगाध तव करणी। मार्ग दाविसी अनाथा॥ 3 ॥ आ··· ॥

आपके नाम के स्मरण मात्र से ही सांसारिक व्यथाओं का अंत हो जाता है। आपकी करनी तो अगाध और अपरंपार है। हे साईं, आप हम

अनाथों को राह दिखलाइए। हम साईंबाबा की आरती··· ।

कलियुगी अवतार। सगुणब्रह्म साचार।
अवतीर्ण झालासे। स्वामी दत्त दिगंबर॥ 4॥ आ··· ॥

आप ही परब्रह्म हैं, जिसने सगुण रूप में इस कलियुग में अवतार लिया। हे स्वामी, आप ही दत्त दिगंबर के रूप में अवतरित हुए। हम साईंबाबा की आरती··· ।

आठां दिवसा गुरुवारी। भक्त करिती वारी।
प्रभुपद पहावया। भवभय निवारी॥ 5॥ आ··· ॥

हर आठवें दिन अर्थात् सप्ताह के हर गुरुवार को भक्त शिरडी की यात्रा करते हैं और इस संसार के भय निवारण हेतु आपके चरणों के दर्शन करते हैं। हम साईंबाबा की आरती··· ।

माझा निजद्रव्य ठेवा। तव चरणरजसेवा।
मागणे हेचि आता। तुम्हां देवाधिदेवा॥ 6॥ आ··· ॥

आपके चरणों की धूल की सेवा ही मेरी समस्त निधि है। हे देवों के देव, अब यही मेरी कामना है। हम साईंबाबा की आरती··· ।

इच्छित दीन चातक। निर्मल तोय निजसुख।
पाजावें माधवा या। सांभाळ आपुली भाक॥ 7॥ आ··· ॥

जिस प्रकार चातक को (स्वाति नक्षत्र के) निर्मल वर्षा-जल के सुख की अभिलाषा होती है, वैसे ही इस माधव (रचनाकार) को भी निर्मल ज्ञान की भीख देकर सँभालिए और अपनी महिमा से अनुग्रहीत कीजिए।

धूप आरती

श्री गुरुप्रसाद याचना

(श्री बा.वी. देव–'बाबांचे बाळ')

रुसो मम प्रियांबिका, मजवरी पिताही रुसो।
रुसो मम प्रियांगना, प्रियसुतात्मजाही रुसो।
रुसो भगिनि बंधुही, श्वशुर सासुबाई रुसो।
न दत्तगुरु साईं मा, मजवरी कधींही रुसो ॥ 1 ॥

चाहे मेरी प्रिय माँ मुझसे रूठ जाए, चाहे मेरे पिता ही रूठ जाएँ। चाहे मेरी प्रिय पत्नी या मेरे प्रिय पुत्र-पुत्री ही रूठ जाएँ। चाहे मेरे बहन-भाई, सास-ससुर मुझसे रूठ जाएँ। लेकिन हे दत्तगुरु, मेरी साईं माँ, आप मुझसे कभी भी मत रूठना।

पुसो न सूनबाई त्या, मज न भ्रातृजाया पुसो।
पुसो न प्रिय सोयरे, प्रिय सगे न ज्ञाती पुसो ॥
पुसो सुहृद न सखा, स्वजन नाप्तबंधू पुसो।
परी न गुरु साईं मा, मजवरी कधींही रुसो ॥ 2 ॥

चाहे मेरी बहू, मेरे भाई की पत्नी मुझे न पूछें। चाहे मेरे प्रिय सगे-संबंधी मुझे न पूछें। चाहे मेरे भले मित्र या मेरे अपने लोग मुझे न पूछें। लेकिन हे गुरु साईं माँ, आप मुझसे कभी न रूठना।

पुसो न अबला मुले, तरुण वृद्धही ना पुसो।
पुसो न गुरु धाकुटे, मज न थोर साने पुसो ॥
पुसो नच भले-बुरे, सुजन साधुही न पुसो।
परी न गुरु साईं मा, मजवरी कधींही रुसो ॥ 3 ॥

चाहे मुझे औरत-बच्चे, वृद्ध-युवक न पूछें। चाहे मुझे बड़े-छोटे,

महान् या तुच्छ न पूछें। भले ही मुझे भले-बुरे, सज्जन-साधु न पूछें। लेकिन हे गुरु साईं, आप मुझसे कभी न रूठना।

रुसो चतुर तत्त्ववित्, विबुध प्राज्ञ ज्ञानी रुसो।
रुसोही विदुषी स्त्रिया, कुशल पंडिताही रुसो॥
रुसो महिपती यती, भजक तापसीही रुसो।
न दत्तगुरु साईं मा, मजवरी कधींही रुसो॥ 4॥

चाहे मुझसे चतुर, लोग, वेद तत्त्व के ज्ञाता, विद्वान् अथवा ज्ञानी रूठ जाएँ। चाहे मुझसे ज्ञानी और बुद्धिमती स्त्रियाँ या कुशल पंडित रूठ जाएँ। चाहे मुझसे राजा, संन्यासी, भक्त या तपस्वी रूठ जाएँ। लेकिन हे दत्तगुरु, मेरी साईं माँ, आप मुझसे कभी न रूठना।

रुसो कवि ऋषी मुनी, अनघ सिद्ध योगी रुसो।
रुसो हि गृहदेवता, नि कुलग्रामदेवी रुसो॥
रुसो खल पिशाच्चही, मलिन डाकिनीही रुसो।
न दत्तगुरु साईं मा, मजवरी कधींही रुसो॥ 5॥

चाहे मुझसे कवि, ऋषि, मुनि, अनघ सिद्ध, योगी रूठ जाएँ। चाहे मुझसे गृहदेवता, कुलदेवी या ग्रामदेवी रूठ जाएँ। चाहे मुझसे दुष्ट पिशाच और दुरात्माएँ रूठ जाएँ। लेकिन हे दत्तगुरु, मेरी साईं माँ, आप मुझसे कभी भी मत रूठना।

रुसो मृग खग कृमी, अखिल जीवजंतु रुसो।
रुसो विटप प्रस्तरा, अचल आपगाब्धी रुसो॥
रुसो ख पवनाग्नि, वार अवनि पंचतत्त्वे रुसो।
न दत्तगुरु साईं मा, मजवरी कधींही रुसो॥ 6॥

चाहे मुझसे पशु, पक्षी, कृमि या समस्त जीवजंतु रूठ जाएँ। चाहे

मुझसे पेड़, पत्थर, पहाड़, नदियाँ, सागर रूठ जाएँ। चाहे आकाश, वायु, अग्नि, जल, धरती—सभी पंचतत्त्व मुझसे रूठ जाएँ। लेकिन हे दत्तगुरु, मेरी साईं माँ, आप मुझसे कभी न रूठना।

रुसो विमल किन्नरा, अमल यक्षिणीही रुसो।
रुसो शशि खगादिही, गगनि तारकाही रुसो॥
रुसो अमरराजही, अदय धर्मराजा रुसो।
न दत्तगुरु साईं मा, मजवरी कधींही रुसो॥ 7॥

चाहे विमल किन्नर, जो स्वर्ग में वाद्यगान करते हैं, मुझसे रूठ जाएँ या सुंदर यक्षिणियाँ रूठ जाएँ। चाहे चंद्र, सूर्य या आकाश के अन्य नक्षत्र या तारे मुझसे रूठ जाएँ। चाहे अमर इंद्रराज, निर्मम धर्मराज1 मुझसे रूठ जाएँ। लेकिन हे दत्तगुरु, मेरी साईं माँ, आप मुझसे कभी न रूठना।

रुसो मन सरस्वती, चपलचित्त तेही रुसो।
रुसो वपु दिशाखिला, कठिण काल तोही रुसो॥
रुसो सकल विश्वही, मयि तु ब्रह्मगोल रुसो।
न दत्तगुरु साईं मा, मजवरी कधींही रुसो॥ 8॥

चाहे मेरा मन और वाणी मुझसे रूठ जाएँ या चंचल चित्त मुझसे रूठ जाए। चाहे मेरा शरीर या दसों दिशाएँ मुझसे रूठ जाएँ। चाहे सशक्त काल ही मुझसे रूठ जाए। चाहे समस्त विश्व, ब्रह्मांड मुझसे रूठ जाए। लेकिन हे दत्तगुरु, मेरी साईं माँ, आप मुझसे कभी न रूठना।

विमूढ म्हणूनी हसो, मज न मत्सराही डसो।
पदाभिरुचि उल्हसो, जननकर्दमी न फसो॥

न दुर्ग धृतिचा धसो, अशिवभाव मागे खसो।
प्रपंचि मन हे रुसो, दृढ़ विरक्ति चित्ती ठसो॥ 9॥

चाहे लोग मुझे मूर्ख कहकर मेरा उपहास करें, लेकिन ईर्ष्या व मत्सर्य मुझे न डसे। ईश्वर के चरणों में मेरा प्रेम हो, मेरा मन जन्म-मृत्यु के बंधनों में न फँसे। मेरे धैर्य का किला कभी न गिरे, मुझमें किसी के प्रति बुरा भाव न आए। प्रपंच से मैं दूर हो जाऊँ, विरक्ति का भाव मेरे हृदय में दृढ़ता से बस जाए।

कुणाचिहि घृणा नसो, न च स्पृहा कशाची असो।
सदैव हृदयीं वसो, मनसि ध्यानिं साईं वसो॥
पदी प्रणय वोरसो, निखिल दृश्य बाबा दिसो।
न दत्तगुरु साईं मा, उपरि याचनेला रुसो॥ 10॥

मुझमें किसी के प्रति घृणा भाव न आए, मेरे मन में किसी प्रकार की कामनाएँ व इच्छाएँ न रहें। मेरे हृदय, मन और ध्यान में हे साईं, केवल आप ही रहें। आपके चरणों के प्रति मेरा प्रेम बढ़े, मैं जहाँ देखूँ बाबा मुझे आप ही दिखाई दें। हे दत्तगुरु, मेरी साईं माँ, यह ऊपर कही हुई मेरी याचना को कभी न ठुकराना।

शयन आरती

जय जय साईंनाथ (श्री कृ.जा. भीष्म)

जय-जय साईंनाथ आता पहुडावे मंदिरी हो।
आळवितो सप्रेमे तुजला आरती घेउनि करी हो॥
जय-जय साईंनाथ आता पहुडावे मंदिरी हो॥ धृ.॥

जय-जय साईंनाथ, अब आप मंदिर में विश्राम करें।

मैं हाथों में थाली लेकर आपकी सप्रेम आरती उतारता हूँ और ऐसी विनती करता हूँ कि हे साईंनाथ, अब आप मंदिर में विश्राम करें।

जय-जय साईंनाथ अब···।

रंजविसी तू मधुर बोलुनी माय जशी निज मुला हो।
भोगिसी व्याधी तूच हरूनिया निज सेवक दुःखाला हो।
धावुनि भक्तव्यसन हरिसी दर्शन देसी त्याला हो।
झाले असतील कष्ट अतीशय तुमचे या देहाला हो॥ 1॥
जय···।

जैसे माँ अपने अबोध बालक को बहलाती है, वैसे ही आप अपने भक्तों को अपने मीठे बोलों से आनंदित करते हो। अपने भक्तों का कष्ट हरने के लिए आप स्वयं उनके कष्टों का भोग अपने पर लेते हो और ऐसे आपदग्रस्त भक्तों की व्याधि व कष्ट के निवारण के लिए आप उन्हें तत्पर दर्शन देते हो। इस तरह उनकी निरंतर देखभाल करने से आपको इस देह में अत्यंत कष्ट हुए होंगे, इसीलिए हे साईंनाथ, अब आप विश्राम करिए।

जय-जय साईंनाथ···।

क्षमा शयन सुंदर ही शोभा सुमनशेज त्यावरी हो।
घ्यावी थोडी भक्त जनांची पूजनादि चाकरी हो।
ओवाळितो पंचप्राण ज्योती सुमती करी हो।
सेवा किंकर भक्त प्रीति अत्तर परिमळ वारी हो॥ 2॥
जय···॥

आप हमारी क्षमा-प्रार्थना के फूलों से सुशोभित इस सुंदर शैय्या में शयन कीजिए। अपने भक्तजनों के द्वारा पूजन आदि की चाकरी स्वीकार करिए। मैं अपने पंचप्राणों की बातियों को, सुमति की ज्योति जलाकर

आप पर न्योछावर करता हूँ। मुझ भक्त की भक्ति ही आपकी तुच्छ सेवा है, उसकी प्रीति ही इत्र है और उसके अश्रु ही निर्मल जल है। हे साईंनाथ, अब आप मंदिर में विश्राम करिए।

सोडुनि जाया दुःख वाटते साईं त्वच्चरणांसी हो।
आज्ञेस्तव तव आशीप्रसाद घेउनि निज सदनासी हो।
जातो आता येऊ पुनरपि त्वच्चरणांचे पाशी हो।
उठवू तुजला साईंमाउले निजहित साधायासी हो ॥ 3 ॥
जय" ॥ धृ. ॥

हे साईं! हमें आपके चरणों को छोड़कर जाने में बहुत दुःख होता है, फिर भी आपके आशीष–प्रसाद लेकर आपकी आज्ञावश हम अपने–अपने घरों को जाते हैं। लेकिन हे साईं माँ, हम अपने ही कल्याण हेतु सुबह आपको जगाने आएँगे। इसीलिए हे साईंनाथ, अब आप मंदिर में विश्राम करिए।

□□□